나는 믿습니다

I BELIEVE

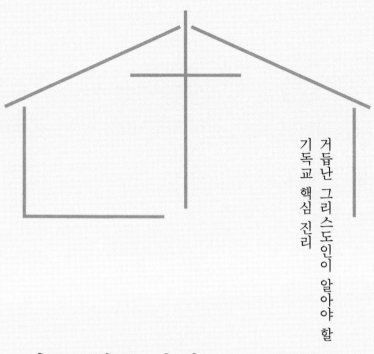

거듭난 그리스도인이 알아야 할
기독교 핵심 진리

나는 믿습니다

톰 레이너 지음

김애정 옮김

국제제자훈련원

샘 레이너

아트 레이너

제스 레이너

내가 깊이 사랑하는 나의 놀라운 세 아들.

너희는 말씀을 듣고 믿을 뿐만 아니라

말씀을 행하는 사람이다.

그리고 아내 넬리 조에게 항상 감사합니다.

우리 넷을 모두 잘 가르쳤습니다.

오래전부터 그리스도인들은 자신이 믿는 신앙을 고백해왔습니다. 그러나 이 신앙을 설명하라는 부르심 앞에서는 여전히 당황스러운 것이 사실입니다.

성경은 너희가 그렇게 믿는 이유를 담대하게 대답하도록 준비하라고 합니다. 이제 톰 레이너의 도움으로 우리는 그렇게 할 수 있게 되었습니다. 저자는 능숙하면서도 사변에 빠지지 않고 우리가 그렇게 믿고 그렇게 살아야 할 이유를 담백하게 설득합니다.

이 책으로 우리는 진정한 고백적 그리스도인으로 살 수 있게 되었습니다. 책을 다 읽고 내려놓으며 우리는 "나는 믿습니다!"라고 감격적으로 고백하게 될 것입니다.

이동원 목사 지구촌 목회리더십센터 대표

차
례

일러두기

1. 성경 본문은 한글 개역개정역(4판)을 사용하였으며, 다른 번역인 경우 별도로
   표시했습니다.

서문

기독교 신앙의 본질에 대한 가장 친절한 가이드

당시에는 어디서부터 시작해야 할지 몰랐습니다. 저는 그리스도인이 된 지 얼마 안 된 때였고 더 많은 것을 알고 싶었습니다. 고등학교 시절 풋볼 코치가 복음을 전해주었을 무렵 그리스도인이 된다는 것이 어떤 의미인지 기본은 알고 있었습니다.

저는 제가 죄인이라는 것을 알았습니다. 예수님께서 죄의 대가를 치르기 위해 십자가에서 죽으셨다는 것을 알았습니다. 저는 행위로는 그리스도의 제자가 되어 천국에 갈 수 없다는 것을 알았습니다. 저는 구원이 선물이라는 것을 충분히 이해했습니다. 저는 구원을 얻는 데 아무것도 필요하지 않음을 알았습니다.

저는 제 죄를 회개했습니다. 그리스도를 믿었습니다. 그분을 나의 주님이자 구세주로 믿었습니다. 하지만 그다음에 어떻게 해야 할지 몰랐습니다.

변명하자면, 저는 '제자훈련'에 대해 들어본 적이 없었습니다. 그리스도인으로서 성장하고 예수님을 닮아가는 과정을 의미하는 '성화'도 들어본 적이 없었습니다.

갓 기독교 신앙을 갖게 된 새신자를 가리켜 '신생아 그리스도인'이라고 부른다는 사실을 나중에야 알았습니다. 사도 바울은 고린도전서 3장 1-2절에서 이 새신자들에 대해 이렇게 기록합니다. "형제들아 내가 신령한 자들을 대함과 같이 너희에게 말할 수 없어서 육신에 속한 자 곧 그리스도 안에서 어린아이들을 대함과 같이 하노라 내가 너희를 젖으로 먹이고 밥으로 아니하였노니 이는 너희가 감당하지 못하였음이거니와 지금도 못하리라."

바울이 핵심을 짚었습니다. 제 느낌도 그랬습니다. 저는 신생아 그리스도인이었고 새 그리스도인이었습니다. 저에겐 영적인 공급이 필요했습니다. 저는 영적으로 배고팠습니다. 하지만 어디로 가야 할지 몰랐습니다.

그때 저는 태어날 때 받은 성경이 있다는 것을 기억했습니다. 당시에는 가족이나 친구들에게 성경을 선물하는 일이 흔했습니다. 하지만 저는 그때까지 성경을 열어본 적이 없었습니다. 누군가의 손글씨가 적힌 헌사 페이지는 여전히 선명해 새것처럼 보였습니다. 십 대가 된 후로, 처음으로 성경을 읽기 시작했습니다.

그 과정이 쉬웠다고 말하면 솔직한 게 아니겠지요. 예를 들어, 아무도 저에게 요한복음을 먼저 읽으라고 하지 않았습니다(그분의 가장 친한 친구 중 한 명이 예수님을 가까이서 인격적으로 묘사한 복음서입니다). 성경의 어려운 구절들을 이해할 수 있도록 도와주는 사람이 아무도 없었습니다. 도전을 더 어렵게 했던 것은, 제가 가지고 있던 번역본이 킹 제임스 버전이라는 점이었습니다. 한 구절의 의미를 파악하려고 여러 번 읽어야 했습니다.

창세기부터 요한계시록까지 성경 전체를 읽었지만 실제로 가슴 벅찬 느낌이 들지는 않았습니다. 성경의 마지막 구절인 요한계시록 22장 21절에 도달했을 때의 환희나 성취감도 기억나지 않습니다. 성경을 읽는 일이 종종 힘들고 좌절이 되었지만, 성령께서 여러 차례 제 마음과 생각과 눈을 열어주셨다고 확신합니다.

20대 초반에 헨리에타 미어즈가 쓴 《미어즈의 파노라마식 성경핸드북》*What the Bible Is All About*이라는 책을 발견했는데, 성경 전체에 대한 명확하고 간결한 개요와 함께 성경 66권에 대한 통찰력 있는 요약을 제공하는 책이었습니다. 저는 간절함과 흥분으로 그 책을 먹어치웠습니다.

영적 성장의 강력한 계기는 지역 교회와 연결된 다음부터였는데, 저는 사실 결혼하고 나서야 교회에 나가게 되었습니다. 제가 처음 그리스도인이 되었을 때 아무도 저에게 교회에 가보라고 권유하지 않았던 것입니다. 고향에는 교회가 여러 곳 있었기 때문에 기회가 전혀 없었던 것은 아니었습니다. 그냥 한 번도 가본 적이 없었어요. 하지만 넬리 조와 결혼한 지 얼마 지나지 않아 아내는 우리가 다닐 교회를 찾아보자고 권하기 시작했습니다.

아내의 접근 방식이 나를 격려하는 방식이었다는 점이 참 좋았습니다. 그녀는 잔소리하지 않았습니다. 저에게 죄책감을 느끼게 하는 방식도 아니었습니다. 그저 저를 격려해주었습니다. 아내는 심지어 우리가 함께할 교회를 선택하는 데 앞장서 달라고 제게 부탁하기도 했습니다.

지역 교회는 저의 영적 성장에 필수적이었다고 해도 과언이 아닙니다. 매주 설교를 듣는 것이 무척 소중했습니다. 매주 교회에서 성경공부를 할 때 토론할 본문을 빨리 공부하고 싶었습니다. 하나님 말씀에서 더 깊은 진리를 배우면서 지역 교회에 대해 품었던 자연스러운 책임감은 저의 영적 성장에 없어서는 안 될 필수 요소였습니다. 사도 바울의 비유처럼 저는 마침내 영적인 젖에서 단단한 음식으로 옮겨갔습니다.

제 영적 자서전의 일부를 이렇게 여러분과 공유한 이유는 무엇일까요? 제 인생에 경건한 사람들과 자원이 있다는 것은 저에게 엄청난 축복이었으며, 비슷한 방식으로 다른 사람들을 섬기고 싶은 열망이 있었기 때문입니다. 저는 또한 지역 교회를 사랑합니다. 모든 교회는 불완전하고 저처럼 불완전한 교인도 있습니다. 하지만 교회는 세상에 다가가고 신자들을 제자로 삼는 데 있어 하나님의 중요한 도구입니다.

저는 이 책이 주로 지역 교회 맥락에서 사용되기를 바랍니다. 소그룹에서 함께 공부할 수도 있습니다. 또는, 새신자들이 기독교 신앙의 기본 진리를 이해할 수 있도록 새신자 수업에서 이 책을 사용할 수도 있습니다. 하지만 기독교 신앙의 핵심 요소를 알고 싶거나 검토하고 싶다면 혼자서 읽으셔도 됩니다. 제가 예수님의 제자가 되었을 때 비슷한 자료가 있었다면 저도 그렇게 했을 것입니다.

기독교 신앙의 진리는 강력하고 명확하며 놀랍도록 깊습니다. 기독교의 기본을 이해하는 데는 박사 학위가 필요하지 않으며, 배우고자 하는 열망이 있는 모든 사람에게 이 책이 꼭 필요한 만큼 명확하게 말할 수 있기를 기도합니다. 다른 한편으로 기독교 신앙은 풍부하고 깊습니다. 저는 20대 젊은 시절부터 기독교 진리에 빠져들기 시작했습니다. 60대가 된 지금도 저는 여전히 성경을 공부하는 학생이며, 기도하는 마음으로 하나님 말씀을 펼칠 때 매일 얼마나 많은 것을 배우는지 지금도 놀랍습니다. 저는 구세주를 직접 뵐 때까지 계속 배우고 성장할 것을 기대합니다.

히브리서 4장 12절은 이를 아름답게 요약합니다. "하나님의 말씀은 살아 있고 활력이 있어 좌우에 날선 어떤 검보다도 예리하여 혼과 영과 및 관절과 골수를 찔러 쪼개기까지 하며 또 마음의 생각과 뜻을 판단하나니." 성경을 펴고 말씀의 운동력을 간략하게 요약한 이 글을 다시 읽어보기 바랍니다. 하나님 음성을 분명하게 들을 수 있도록 읽기 전에 기도하시길 바랍니다. 말씀의 뜻을 이해하는 데 그치지 말고, 이 진리를 사용하여 하나님과 더 가까이 동행하는 데 어떻게 도움을 주실 수 있는지 하나님께 여쭤보기 바랍니다.

이 책의 제목은 《나는 믿습니다》입니다. 여러분이 알아야 할 가장 중요한 진리 몇 가지를 살펴볼 것입니다. 그것을 잘 알수록 우리는 하나님의 본질을 더 온전히 이해하게 됩니다. 또 그렇게 될 수록 우리는 더 그분을 섬기려고 애씁니다. 그리고 우리가 그분을 더 섬길 때 그분은 우리를 사용하여 다른 사람에게 은혜와 복음의 전달자가 되게 하십니다.

이 모험에 동참해주셔서 감사합니다. 이 모험은 일생일대의 모험이며, 이 생에서 영원으로 전환되며 이어질 것입니다.

01장

---◆---

나는 성경을 믿습니다

최근 제 친구가 저에게 뭔가를 깨닫게 했습니다. 이 친구에게는 세명의 손자가 있습니다. 이 글을 쓰는 현재 친구의 손자들은 10살, 7살, 3살입니다. 많은 조부모처럼 제 친구도 손자들에게 유산을 남기고 싶어 합니다. 그는 어떤 아이디어가 떠올랐고 이를 실행에 옮겼습니다.

먼저 그는 글을 적어넣을 수 있는 성경 3권을 구입했습니다. 그는 1년 안에 성경을 다 읽겠다는 생각으로 성경 한 권을 읽기 시작했습니다. 그는 1년 읽기 목표를 완수했을 뿐만 아니라 매일 성경을 읽으면서 성경에 손수 메모를 했습니다. 1년이 지났을 때, 제 친구는 각 페이지마다 자신이 직접 쓴 주석 달린 성경 한 권을 가질 수 있었습니다. 그는 쓰기 성경을 세 권이나 구입했기 때문에 그 후 2년을 더 이러한 과정을 반복하려 합니다. 그는 손자들에게 성경 한 권씩을 유산의 일부로 남길 계획입니다.

할아버지의 노트와 해설을 곁들여 성경을 읽는 손자들의 모습을 상상할 수 있나요? 그 성경이 소년들을 어떤 남자로 우뚝 서게 할지 설레지 않습니까?

일부 노트는 분명 비슷하겠지만 차이도 있을 것입니다. 아마도 세 형제는 훗날 같은 구절에 대한 노트를 비교하게 될지도 모릅니다. 어쨌든 세 소년 모두 자신을 사랑하는 누군가에게서 놀라운 선물을 받게 될 것입니다.

이 이야기의 핵심은 다음과 같습니다. 손자들에게 강력하고 의미 있는 유산을 남기고 싶은 할아버지는 성경을 선택했습니다. 하나님 말씀만큼 강력하고 소중한 것은 없습니다.

—— 모든 성경은 하나님의 말씀입니다

성경은 하나님 말씀입니다. 우리가 성경을 펴서 읽거나 오디오 성경을 들을 때마다 우리는 하나님 말씀을 듣는 것입니다. 그분은 우리에게 직접 말씀하십니다.

구약성경에는 명백히 하나님이 친히 말씀하신 구절이 많습니다. 예를 들어 출애굽기 4장 22-23절을 읽어보세요. "여호와의 말씀에 이스라엘은 내 아들 내 장자라 내가 네게 이르기를 내 아들을 보내주어 나를 섬기게 하라." 또는 예레미야 1장 9절을 보세요. "여호와께서 그의 손을 내밀어 내 입에 대시며 여호와께서 내게 이르시되 보라 내가 내 말을 네 입에 두었노라." 일부 번역본에서는 이 구절이 "주께서 이렇게 말씀하셨다"라는 친숙한 구절로 시작됩니다.

이 예들은 하나님 말씀을 직접 인용한 것이지만, 바울은 신구약 성경 전체가 영감받은 하나님의 말씀임을 분명히 밝히고 있습니다. 바울은 디모데에게 보낸 편지에서 이렇게 강조합니다. "또 어려서부터 성경을 알았나니 성경은 능히 너로 하여금 그리스도 예수 안에 있는 믿음으로 말미암아 구원에 이르는 지혜가 있게 하느니라 모든 성경은 하나님의 감동으로 된 것으로 교훈과 책망과 바르게 함과 의로 교육하기에 유익하니"(딤후 3:15-16).

모든 성경은 하나님의 영감을 받았습니다. 일부만이 아닙니다. 우리가 중요하다고 인식하는 구절만 그런 것도 아닙니다. 하나님이 직접 말씀하신다는 구약성경 구절만 그런 것도 아닙니다. 신약 성경 구절만 있는 것도 아닙니다. 가끔 빨간색으로 인쇄된 예수님의 말씀에만 영감이 있는 것도 아닙니다. 모든 성경이 하나님의 영감을 받았습니다. 모든 성경이 하나님 말씀입니다.

따라서 우리는 하나님께서 우리에게 말씀하신다는 확신을 품고 성경 전체를 읽을 수 있습니다. 사실 성경 말씀은 진리 그 자체입니다. 예수께서 신자들을 대신하여 아버지 하나님께 기도하실 때 하신 말씀을 기억합니다. "그들을 진리로 거룩하게 하옵소서 아버지의 말씀은 진리니이다"(요 17:17).

하나님의 말씀으로서 성경이 지닌 의미는 놀랍습니다. 우리에게 오류가 아닌 진리를 읽고 있다는 확신을 갖게 합니다. 성경이 모든 주제를 철저하게 다루고 있지는 않으며, 과학적인 배경을 이해하고 다뤄야 할 사항도 있지만, 성경이 말하는 세부 사항은 사실임을 확신할 수 있습니다. 성경은 사실이 아닌 것을 긍정하지 않습니다.

성경은 평범한 사람들이 평범한 스타일로 썼습니다. 그들은 특정한 상황과 그 시대에 맞게 글을 썼습니다. 그들의 글에는 각자의 개성이 잘 드러납니다. 그러나 하나님께서는 그들이 오직 진리만을 기록하도록 하셨습니다. 실제로 하나님께서는 영감의 과정을 통해 성경이 모두 진리임을 확실히 하셨습니다.

—— 하나님의 숨결에서 나온 하나님 말씀

이번 장을 쓰던 중 며느리가 보낸 음성 메시지를 듣기 위해 잠시 멈췄습니다. 아내와 저에게 어린 손자의 피아노 연주를 들어보라고 하면서 보낸 것이었습니다. 짧은 오디오를 듣고 나서 아내는 "정말 영감을 주는 음악이네요"라고 말했습니다. 또 다른 상황에서는, 딸과 새 사위에게 건배사를 하려는 신부 아버지에게 때에 맞는 말을 위한 영감이 떠올랐다고 하기도 합니다.

이런 식으로, 우리는 영감inspiration이라는 단어를 사용합니다. 누군가에게 동기를 부여하려고 할 때처럼 자유롭게 사용할 수도 있습니다. 예를 들어, 고등학교 풋볼 코치는 제가 더 나은 선수가 될 수 있도록 영감을 주었습니다. 또는 풍경을 그리거나 노래를 작곡하거나 책을 쓰는 등 창의적인 생각이 필요한 순간이 있을 때 이 단어를 사용할 수도 있습니다. 이러한 창의적인 순간에 사람들은 영감을 받기도 합니다.

성경의 여러 저자는 의심할 여지 없이 글을 쓰도록 동기를 부여받았고 창의력을 발휘한 순간이 있었겠지만, 성경이 말하는 영감은 이러한 '동기' 수준을 넘어선 것입니다. 앞서 살펴본 바와 같이 바울은 디모데에게 "모든 성경은 하나님의 감동으로 된 것"(딤후 3:16)이라고 썼습니다.

바울은 성경 '저자'들이 영감을 받았다고 말하지 않고 '성경'이 영감받았다고 말합니다. 헬라어에서 번역된 영감이라는 단어는 "신(theos, 테오스)이 숨을 쉬다(pneustos, 프뉴스토스)"라는 의미입니다. 따라서 성경의 영감은 문자 그대로 '하나님의 숨결'입니다. 성경은 하나님에게서 온 것입니다.

성경 말씀은 하나님의 입김에서 나온 것이므로, 우리는 그 말씀이 틀림없이 하나님 말씀임을 확신할 수 있습니다. 이것이 실질적으로 우리에게 어떤 의미가 있을까요?

첫째, 모든 단어가 사실이라는 확신으로 읽을 수 있다는 뜻입니다. 우리가 모든 장이나 구절을 언제나 이해하는 것은 아니지만 그렇다고 해서 그 말씀이 덜 진실해지는 것은 아닙니다. 성경을 읽을 때 우리는 하나님 말씀을 듣고 있습니다.

둘째, 성경은 권위가 있다는 뜻입니다. 하나님은 궁극적인 저자이시므로 우리가 읽는 말씀은 그분으로부터 직접 온 것입니다. 그분은 만유의 창조주이며 만유의 왕이십니다. 우리는 단순히 신학적 훈련을 위해 성경을 읽지 않습니다. 우리는 그분 뜻에 따라 우리 삶을 변화시키실 하나님께 복종하기 위해 성경을 읽습니다.

히브리서 기자는 성경에 대해 다음과 같은 강력한 말씀을 남겼습니다. "하나님 말씀은 살아 있고 활력이 있어 좌우에 날선 어떤 검보다도 예리하여 혼과 영과 및 관절과 골수를 찔러 쪼개기까지 하며 또 마음의 생각과 뜻을 판단하나니"(히 4:12).

하나님 말씀은 하나님의 숨결에서 나왔습니다. 따라서 말씀은 살아 있고 강력합니다. 이 구절은 또한 성경이 어떻게 우리에게 영향을 미치고 우리를 변화시킬 수 있는지를 보여줍니다. 저자는 관절과 골수를 가를 수 있을 정도로 날카로운 칼 비유를 사용합니다. 다시 말해, 말씀은 우리를 영적으로 쪼개고 완전히 노출합니다. 우리가 하나님 말씀에 불순종할 수는 있지만 무시할 수는 없습니다.

간단히 말해, 성경을 읽는 행위 자체가 영적 수술입니다. 이 수술은 우리의 깊은 곳에 있는 생각과 욕망을 드러내어 더 큰 순종으로 변화될 수 있도록 하기 위한 것입니다.

《다가올 믿음의 모양》*The Shape of Faith to Come*의 저자 브래드 와고너Brad Waggoner는 우리가 그리스도를 더욱 닮아가거나 구세주를 헌신적으로 따르게 하는 요인에 관한 대규모 연구를 실시했습니다. 그의 연구 결과를 지나치게 단순화할 위험은 있지만, 저는 한 가지 중요한 발견에 충격을 받았습니다. 매일 성경을 읽는 사람들이 그리스도의 헌신적인 제자가 될 가능성이 가장 높다는 부분입니다. 연구 결과, 매일 성경을 읽는 사람들은 더 꾸준히 기도하는 것으로 나타났습니다. 그들은 더 쉽게 복음을 전할 것입니다. 그들은 교회에서 더 적극적으로 활동하며 교회에서 더 많이 헌신합니다. 이해되시나요? 우리는 성경을 읽을 때 단순히 성경 진리를 배우는 데 그치지 않고 그리스도를 닮도록 변화됩니다.

성경은 성령의 영감을 받아 기록되었습니다. 오늘날 성령은 우리가 성경을 충실히 읽을 때 의의 길을 걷도록 우리를 설득합니다.

—— 성경이 필요한 이유

성경은 그리스도인이 되고 그리스도인으로 성장하는 데 필요한 모든 것을 제공합니다. 그러나 성경이 없다면 이러한 진리를 알지 못할 것입니다. 그리스도인이 되고 더 성숙한 그리스도인이 되기 위해 성경이 필요하다는 말은, 스스로 성경을 읽거나 누군가 성경을 설명해주는 것이 꼭 필요하다는 뜻이기도 합니다.

사도 바울은 예수님에 대해 "그들이 믿지 아니하는 이를 어찌 부르리요 듣지도 못한 이를 어찌 믿으리요 전파하는 자가 없이 어찌 들으리요 보내심을 받지 아니하였으면 어찌 전파하리요 기록된 바 아름답도다 좋은 소식을 전하는 자들의 발이여 함과 같[다]"(롬 10:14-15)라고 말합니다. 그는 결론적으로 "믿음은 듣는 것, 즉 그리스도에 관한 복음을 듣는 것"(롬 10:17 참고)이라고 합니다.

사람들이 구원을 받으려면 누군가는 성경 말씀을 읽거나 성경을 선포해야 합니다. 사도행전에 나오는 에티오피아 내시 이야기가 이를 말해줍니다. 내시가 이사야서를 읽고 있을 때 빌립이 다가와서 무슨 말인지 이해하느냐고 물었습니다. "대답하되 지도해주는 사람이 없으니 어찌 깨달을 수 있느냐 하고 빌립을 청하여 수레에 올라 같이 앉으라 하니라"(행 8:31).

바울은 그리스도인이 되고 나서 그리스도인으로서 성장하는 데 성경이 필요하다는 사실을 다시 한번 상기시킵니다. "그러나 너는 배우고 확신한 일에 거하라 너는 네가 누구에게서 배운 것을 알며 또 어려서부터 성경을 알았나니 성경은 능히 너로 하여금 그리스도 예수 안에 있는 믿음으로 말미암아 구원에 이르는 지혜가 있게 하느니라"(딤후 3:14-15).

성경은 하나님의 뜻을 알기 위해서라도 필요합니다. 하나님은 우리에게 그분의 뜻에 대한 정확한 로드맵을 보여주지 않으시고 우리가 항상 믿음으로 행하기를 원하십니다. 하지만 성경은 우리 삶에 대한 하나님의 계획과 우리가 걸어가야 할 길에 대해 많은 것을 알려줍니다.

사도 요한의 말씀입니다. "예수께서 그리스도이심을 믿는 자마다 하나님께로부터 난 자니 또한 낳으신 이를 사랑하는 자마다 그에게서 난 자를 사랑하느니라 우리가 하나님을 사랑하고 그의 계명들을 지킬 때에 이로써 우리가 하나님의 자녀를 사랑하는 줄을 아느니라 하나님을 사랑하는 것은 이것이니 우리가 그의 계명들을 지키는 것이라 그의 계명들은 무거운 것이 아니로다"(요일 5:1-3).

따라서 우리는 하나님 계명을 지킴으로써 하나님이 우리에게 무엇을 원하시는지 알게 됩니다. 물론 그분의 계명은 성경에서 찾을 수 있습니다.

성경은 구원을 위해 필요합니다. 그리스도인으로서 성장하기 위해서도 필요합니다. 그리고 우리 삶에 대한 하나님의 뜻을 알기 위해서도 필요합니다.

—— 공동체 안에서 검증된 성경

우리는 성경의 영감된 책들을 설명할 때 '정경'canon이라는 단어를 사용합니다. 헬라어 '카논'kanon은 '측정 기준'을 의미하는 단어입니다. 다시 말해, 초대교회 공의회는 특정 기록이 성경에 포함될 수 있는 '측정 기준'이 되는지 여부를 결정하려고 했습니다. 특정 그룹이나 공의회가 특정 책에 영감을 주었다고 말하는 것은 오해입니다. 공의회가 모인 경우, 그들은 어떤 책이 이미 신앙 공동체(구약은 유대인, 신약은 그리스도인)에 의해 받아들여지고 있음을 철저히 확인했습니다. 실제로 성경 66권 대부분은 하나님 말씀으로 빠르게 받아들여졌습니다.

폴 엔스는 《무디 신학 핸드북》The Moody Handbook of Theology에서 어떤 글이 진정으로 하나님에게서 온 것인지, 즉 성경으로 포함될 가치가 있는지 판단하는 데 사용된 기준을 자세히 설명합니다. 그가 구약성경에 대해 언급한 구체적인 기준은 다음과 같습니다.

• 책 자체에 하나님이 저자라고 명시되어 있나요?
• 이 책에 하나님께서 선지자와 같은 중개자를 통해 말씀하신다고 나와 있나요?
• 인간 저자는 분명히 하나님의 대변자였나요?
• 저자가 예언자였나요, 아니면 예언의 은사를 받은 사람이었나요?
• 책은 역사적으로 정확했나요?
• 궁극적으로 이 책은 유대인들에게 어떻게 받아들여졌나요? 그 신앙 공동체는 39권으로 이루어진 이 책들을 성경으로 확인했습니다.[1]

엔스는 신약성경에 포함될 책을 선택할 때 사용한 몇 가지 유사한 테스트를 인용합니다.

• 이 책의 저자는 사도였나요, 아니면 사도적 또는 예언자적 권위를 가지고 글을 썼나요? 예를 들어, 바울은 자신이 예언자적 권위로 글을 쓰고 있으며, 그의 말이 주님에게서 왔다고 주장합니다. "만일 누구든

지 자기를 선지자나 혹은 신령한 자로 생각하거든 내가 너희에게 편지하는 이 글이 주의 명령인 줄 알라"(고전 14:37).

- 초대교회들은 책의 권위를 인정했나요? 일부는 빠르게 받아들였고, 일부는 느리게 인정되었습니다. 오늘날 교회는 신약성경 27권의 권위를 분명히 인정하고 있습니다.

- 이 책들이 초대교회의 가르침과 교리와 일치했나요? 몇몇 책은 그리스도와 그분의 가장 가까운 추종자들의 증언과 가르침에 부합하지 않는 것으로 간주되었습니다.

- 책에 영감의 깊이가 반영되어 있나요? 다시 말해, 성령의 역사와 열매를 보여줄 수 있는 도덕적, 영적 가치 수준이 흔들리지 않아야 합니다.

- 초대교회에서 이 책이 기독교 예배에 사용되었나요? 교회 초기 단계에서 그리스도인 대부분은 글을 읽지 못했습니다. 초기 그리스도인 중 누구도 개인적으로 곁에 두고 읽는 성경을 가지지 못했습니다. 따라서 초기 그리스도인은 예배에서 낭독되는 성경에 의존했습니다. 이러한 맥락에서 많은 책이 하나님 말씀으로 확증되고 신약성경으로 확인되었습니다.[2]

성경은 영감받은 하나님 말씀입니다. 성경은 많은 사람의 구원과 모든 신자의 영적 성장을 위해 필요합니다. 그러므로 우리는 주저 없이 "나는 성경을 믿습니다"라고 고백합니다.

02장

---✦---

나는 아버지 하나님을 믿습니다

하나님은 한 분이십니다. 그러나 이 한 하나님은 영원히 세 위격으로, 즉 아버지 하나님, 아들 하나님, 성령 하나님으로 존재해왔습니다. 우리는 이 실재를 삼위일체라고 부르며, 5장에서 더 깊이 살펴볼 것입니다.

이번 장에서는 아버지 하나님에서 시작하여 삼위일체 세 위격 각각에 대해 살펴보겠습니다.

성경은 하나님이 영원하다고 분명히 말씀합니다. 성경 첫 구절은 단순하지만 심오합니다. "태초에 하나님이 천지를 창조하시니라"(창 1:1). 하나님은 태초에 창조의 저자이십니다. 다시 말해, 그는 다른 모든 것이 존재하기 전에 그곳에 계셨습니다. 성경은 하나님의 영원한 존재를 설명하려고 하지 않고 단지 사실로 여기고 시작합니다.

아버지 하나님에 대한 교리는 일반적으로 '신론'이라고 불립니다. 신학Theology은 헬라어 테오스theos와 로고스logos 이렇게 두 단어의 합성어입니다. 테오스는 "신"을 의미하고, 로고스는 "말씀" 또는 "학문"을 의미합니다. 가장 넓은 의미에서 신학은 모든 그리스도인의 신앙에 관해 연구하는 학문입니다. 따라서 아버지 하나님에 관한 구체적인 연구를 지칭할 때는 별도로 "신론"theology proper이라는 표현을 사용합니다.

이 짧은 장으로는 아버지 하나님에 관한 연구를 다 설명할 수 없습니다. 실제로 이 주제에 관해 많은 책이 나왔지만 아직 완성되지 않았습니다. 수 세기 동안 아버지 하나님을 연구하는 한 가지 접근 방식은 그분의 속성을 살펴보는 것이었습니다. 따라서 우리는 그분의 속성, 특히 역사적으로 교회와 학교에서 일반적으로 가르쳐온 몇 가지 속성을 중심으로 살펴보겠습니다.

—— 하나님은 사랑입니다

겉으로 보기에 하나님의 이러한 속성은 이해하기 쉽습니다. 사랑, 특히 하나님의 사랑이라는 개념은 우리가 이해할 수 있는 것보다 훨씬 더 깊고 풍부하지만, 대부분은 어느 정도 사랑이라는 단어에 익숙합니다.

최근에 그리스도인이 아닌 헤어 스타일리스트와 대화를 나누고 있었습니다. 그러다가 자연스럽게 하나님의 사랑에 대한 주제가 나왔습니다. 제가 하나님 사랑의 본질을 설명하려고 하자, 그녀는 "하나님은 절대로 나를 그렇게 사랑하실 수 없을 거예요!"라고 외쳤습니다. 그녀의 관점에서 볼 때 자신이 인생을 스스로 너무 많이 "망쳐놓았다"라고 생각했기 때문입니다. 그녀는 자신이 자격 없고 용서받을 수 없는 사람이라고 생각했습니다.

하나님은 본질적으로 사랑입니다. 요한은 "사랑하지 아니하는 자는 하나님을 알지 못하나니 이는 **하나님은 사랑이심이라**"(요일 4:8)라고 기록합니다. 하나님은 본질적으로 사랑하실 뿐만 아니라 다양한 방식으로 우리에게 그 사랑을 보여줍니다. 그분의 가장 심오한 사랑의 행위는 아들 예수님을 우리 죄를 위해 희생하신 것입니다. "하나님의 사랑이 우리에게 이렇게 나타난 바 되었으니 하나님이 자기의 독생자를 세상에 보내심은 그로 말미암아 우리를 살리려 하심이라 사랑은 여기 있으니 우리가 하나님을 사랑한 것이 아니요 하나님이 우리를 사랑하사 우리 죄를 속하기 위하여 화목제물로 그 아들을 보내셨음이라"(요일 4:9-10).

하나님은 지금도 그리고 영원토록 그의 자녀들을 사랑하십니다. 그분이 우리에게 과분하고 조건 없는 사랑을 주셨기 때문에 우리도 다른 사람을 사랑할 수 있습니다.

실제로 예수께서는 하나님과 다른 사람을 사랑하는 것이, 하나님이 우리에게 기대하시는 반응이라고 말씀하셨습니다.

예수께서 이르시되 네 마음을 다하고 목숨을 다하고 뜻을 다하여 주 너의 하나님을 사랑하라 하셨으니 이것이 크고 첫째 되는 계명이요 둘째도 그와 같으니 네 이웃을 네 자신 같이 사랑하라 하셨으니 이 두 계명이 온 율법과 선지자의 강령이니라 마태복음 22:37-40

—— 하나님은 전능하십니다

전능Omnipotent은 "모든"all과 "강력한"powerful을 의미하는 두 단어의 조합입니다. 하나님은 무엇이든 하실 수 있습니다. 예레미야 선지자는 자신의 간절한 기도를 다음과 같은 말로 시작하기도 했습니다. "주 여호와여 주께서 큰 능력과 펴신 팔로 천지를 지으셨사오니 주에게는 할 수 없는 일이 없으시니이다"(렘 32:17). 예레미야는 하나님께서 모든 것을 주관하시며 주권자라는 사실을 인정합니다. 그는 하나님이 만물의 창조주이심을 확언합니다. 예레미야는 하나님께서 이루시기에는 너무 어려운 일이 없기에 기도합니다.

사도 바울은 하나님께서 우리를 통해 무엇이든 이루실 수 있는 놀라운 능력을 갖고 계심을 상기시킵니다. "우리 가운데서 역사하시는 능력대로 우리가 구하거나 생각하는 모든 것에 더 넘치도록 능히 하실 이에게 교회 안에서와 그리스도 예수 안에서 영광이 대대로 영원무궁하기를 원하노라 아멘"(엡 3:20-21).

그러나 하나님은 자신의 전능하심을 자기 본성과 성품에 반反

하는 방식으로 사용하지 않으십니다. 하나님은 거짓말이나 죄를 짓지 않으십니다. "영생의 소망을 위함이라 이 영생은 거짓이 없으신 하나님이 영원 전부터 약속하신 것인데"(딛 1:2). 하나님은 우리를 시험하지도 않으시고 시험에 빠지지도 않으십니다. "사람이 시험을 받을 때에 내가 하나님께 시험을 받는다 하지 말지니 하나님은 악에게 시험을 받지도 아니하시고 친히 아무도 시험하지 아니하시느니라"(약 1:13). 그리고 하나님은 자신을 부정할 수 없습니다. "우리는 미쁨이 없을지라도 주는 항상 미쁘시니 자기를 부인하실 수 없으시리라"(딤후 2:13).

—— 하나님은 전지하십니다

전지Omniscient는 "모든 것을 안다"라는 뜻입니다. 하나님은 모든 것을 알고 계시고, 모든 것을 창조하셨으며, 모든 것이 그에게 복종합니다. 사도 요한은 그의 첫 번째 서신에서 하나님의 전지하심을 모호함 없이 확언합니다.

"이는 우리 마음이 혹 우리를 책망할 일이 있어도 하나님은 우리 마음보다 크시고 **모든 것을 아시기** 때문이라"(요일 3:20).

하나님은 결코 놀라지 않으십니다. 그분은 우리 자신보다 우리를 훨씬 더 잘 아십니다. 그분은 항상 모든 것을 완전히 알고 계십니다. 그분께 숨겨져 있는 것은 아무것도 없습니다. 그분은 시간의 모든 것과 영원의 모든 것에 대한 모든 세부 사항을 알고 계십니다. 하나님은 모든 것을 아시고 무엇이든 하실 수 있으므로 우리는 하나님을 전적으로 신뢰할 수 있습니다. 우리의 필요, 고통, 질문, 소망, 꿈 중 그분의 인식 범위를 벗어나는 것은 하나도 없습니다.

—— 하나님은 어디에나 계십니다

편재Omnipresent는 "어디에나 존재한다"라는 뜻입니다. 하나님은 공간과 시간에 얽매이지 않으십니다. 수 세기 전, 다윗은 하나님의 세 가지 전능하신 특성을 모두 아우르는 장엄한 기도를 드렸습니다. "내가 주의 영을 떠나 어디로 가며 주의 앞에서 어디로 피하리이까 내가 하늘에 올라갈지라도 거기 계시며 스올에 내 자리를 펼지라도 거기 계시니이다 내가 새벽 날개를 치며 바다 끝에 가서 거주할지라도 거기서도 주의 손이 나를 인도하시며 주의 오른손이 나를 붙드시리이다"(시 139:7-10).

—— 하나님은 거룩하십니다

저는 사춘기에 교회를 그만두기 전까지 어린 시절을 교회에서 보냈습니다. 그리고 교회에서 보낸 어린 시절이 제 영적 성장에 어떤 영향을 미쳤는지, 실제로 제 전반적인 성장에 어떤 영향을 미쳤는지 보면 놀랍습니다. 예를 들어, 우리가 자주 불렀던 찬송가가 찬송가 1장이었던 것을 아직도 기억합니다.

그 찬송가는 〈거룩, 거룩, 거룩! 전능하신 주님〉입니다(새찬송가 8장—편집자). 1826년에 작곡된 이 고전 찬송가는 제가 하나님을 바라보는 시각에 긍정적인 영향을 미쳤습니다. 찬송가 첫 줄은 제목의 반복입니다. "거룩, 거룩, 거룩!"

당시 저는 '거룩하다'는 말이 무슨 뜻인지 이해하지 못했지만 하나님에게는 특별한 무언가가 있다는 것을 느꼈습니다. 우리 교회는 활기찬 분위기는 아니었지만 이 찬양을 부를 때 어른들 얼굴에는 생기가 돌았습니다.

저는 나중에 거룩하다는 것이 종종 "구별하다"라는 의미, 즉 하나님은 죄로부터 완전히 구별된다는 것임을 알았습니다. 성경에서 거룩함은 하나님이 우리의 헌신을 받기에 전적으로 합당하시다는 의미로도 사용됩니다.

시편 99장 9절에 나오는 시편 기자의 말씀에 주목하십시오. "너희는 여호와 우리 하나님을 높이고 그 성산에서 예배할지어다 여호와 우리 하나님은 거룩하심이로다." 우리는 하나님이 거룩하시므로 하나님을 높입니다. 하나님이 거룩하시므로 우리는 경배합니다.

우리가 본받기를 원하시는 하나님의 속성은 거룩함입니다. "너희는 거룩하라 이는 나 여호와 너희 하나님이 거룩함이니라"(레

19:2). 물론 하나님처럼 죄가 없는 전적인 거룩함에 이를 수는 없지만, 하나님의 능력으로 거룩함에 점점 더 가까이 다가가기 위해 노력해야 합니다. 하나님의 능력으로 우리는 다음과 같이 해야 합니다. "모든 사람과 더불어 화평함과 거룩함을 따르라 이것이 없이는 아무도 주를 보지 못하리라"(히 12:14).

—— 하나님은 선하십니다

아버지는 왜 우리가 때때로 사람들을 "착한 남자" 또는 "착한 여자"라고 부르는지 궁금해하곤 하셨어요. 아버지 관점에서는 하나님을 제외하고는 선한 존재는 아무도 없었기 때문입니다. 물론, 오늘날 우리는 '선'이라는 단어를 다소 느슨하게 사용하여 사람의 일반적인 성격을 더 많이 지칭합니다. 우리는 완벽하게 선한 사람은 없다는 것을 충분히 알고 있습니다. "하나님 한 분 외에는 선한 이가 없느니라"(눅 18:19).

하나님의 선하심이 믿는 이들에게 주는 의미는 무엇일까요? 우선, 이것은 그분이 우리를 무조건 용서하신다는 것을 의미합니다. 하나님의 용서가 해결하지 못할 죄는 없습니다. 주님은 자신의 선하심이 우리의 선함이 될 수 있도록 자기의 아들을 우리 죄를 위해 죽도록 보내셨습니다.

하나님의 선하심의 다른 의미는 그분의 은혜입니다. 우리가 받은 용서는 과분할 뿐만 아니라 우리가 누리는 모든 좋은 선물도 과분합니다. 그분의 선하심과 은혜를 통해 하나님은 우리가 아무것도 받을 자격 없을 때 우리에게 풍성하게 주십니다.

하나님의 선하심은 또한 우리가 상처받고 고통받을 때 그분의 위로와 자비를 받는다는 의미입니다. 그러므로 "우리는 긍휼하심을 받고 때를 따라 돕는 은혜를 얻기 위하여 은혜의 보좌 앞에 담대히 나아[가야]" 합니다(히 4:16).

이처럼 하나님의 선하심은 이해하는 사람을 찾기 힘든, 난해한 신학적 개념이 아닙니다. 그것은 하나님의 본성에 대한 명확하고 강력한 설명입니다. 그것은 도움이 필요한 시대에 우리 삶에 영향을 미치는, 손에 잡히는 실재입니다.

하나님은 당신의 선하심을 통해 우리를 향한 긍휼을 나타내십니다. 인생에서 가장 힘들었던 순간을 떠올려보세요. 저에게는 어렸을 때 아버지가 돌아가셨을 때였습니다. 그보다 더 큰 슬픔과 고통은 수십 년 후 손자 중 하나가 명을 달리했을 때 느꼈습니다. 이러한 죽음을 결코 극복할 수 없다고 여겼지만, 저는 극복했습니다. 하나님께서는 선하심으로 제게 긍휼을 베풀어주셨고 위로하셨습니다. 이것이 바로 제가 바울과 함께 "우리 주 예수 그리스도의 아버지이신 하나님께 모든 찬양을 올려 드립니다"라고 고백할 수 있는 이유입니다. 하나님은 자비로우신 우리의 아버지이시며 모든 위로의 근원이십니다(고후 1:3 참조). 하나님은 참으로 선하십니다. 그분은 항상 선하십니다.

── 하나님은 의로우십니다

부동산을 둘러싼 가족 간 불화에 휘말렸던 때가 아직도 기억납니다. 네 명의 성인 자녀 중 두 명은 부모가 유언장에 명시된 것보다 더 많은 것을 약속했었다고 단호하게 주장했습니다. 물론, 유언장만이 최종적이고 구속력 있었습니다.

가장 격렬한 항의 중 하나는 임종을 앞둔 어머니를 마지막 7개월 동안 간병했던 성인 딸의 항의였습니다. 그녀는 "내가 엄마를 돌봤어요! 저는 더 받을 자격이 있다고요!"라고 따졌습니다.

이처럼 오늘날 우리 문화는 대부분 '자격' 문화입니다. 우리는 많은 것을 받을 자격이 있다고 생각합니다. 그러나 그리스도를 따르는 자의 진정한 모습은 섬기는 것과 기꺼이 꼴찌가 되는 것입니다. 바울이 바라본 그리스도의 이미지는 실로 강력했습니다. "그는 하나님의 모습을 지니셨으나, 하나님과 동등함을 당연하게 생각하지 않으시고, 오히려 자기를 비워서 종의 모습을 취하시고, 사람과 같이 되셨습니다. 그는 사람의 모양으로 나타나셔서, 자기를 낮추시고, 죽기까지 순종하셨으니, 곧 십자가에 죽기까지 하셨습니다"(빌 2:6-8, 새번역).

자신의 자격을 따지는 사람에게서는 볼 수 없는 사고방식입니다. 인간인 우리에게는 어떤 권리가 주어졌을까요? 아무것도 없습니다. 우리는 좋은 것을 받을 자격이 없습니다. 우리에게는 내세울 의가 없습니다. 성경적 관점에서 보면 의로움이란 하나님과의 관계에서 따지는 것입니다. 그러나 성경은 우리의 의로움은 "더러운 누더기에 불과하다"라고 가르칩니다(사 64:6 참고).

오히려 우리는 하나님과 영원히 분리되는 형벌을 받아야 마땅합니다. 그것이 나쁜 소식입니다. 하지만 좋은 소식은 우리가 의롭게 될 수 있다는 것입니다. 우리는 하나님의 의로 죄의 더러움을 제거할 수 있습니다. "하나님이 죄를 알지도 못하신 이를 우리를 대신하여 죄로 삼으신 것은 우리로 하여금 그 안에서 하나님의 의가 되게 하려 하심이라"(고후 5:21).

하나님은 완전하십니다. 그분은 완전한 의이십니다. 우리는 완전히 불완전하고 불의합니다. 그러나 예수님이 우리 죄를 위해 죽으셨다는 것을 믿는다면 우리는 하나님 보시기에 의롭게 될 수 있습니다. 우리의 죄가 제거되었기 때문에 우리는 주님과 함께 하늘에 거할 수 있습니다. 이것이 하나님의 의의 본질입니다. 이것이 바로 여러분과 저에게 좋은 소식입니다.

토론 질문

1 전능함, 전지함, 편재함을 의미하는 "옴니"(omni)라는 단어에 대해 자신이 이해하는 대로 간단히 설명해보세요.

2 하나님의 속성으로서 '거룩하다'는 것은 무엇을 의미하나요? 우리는 하나님이 아니지만 거룩해지려고 해야 하는 이유는 무엇일까요?

3 의로움은 어떻게 자격과 반대되는 개념일까요?

03장

---✦---

나는 아들 하나님을 믿습니다

어느 날 저는 예수님의 이름이 세 가지 다른 방식으로 표현되는 것을 들었습니다.

첫 번째는 사무실에서 어떤 남성이 휴대폰을 들여다보다가 무릎으로 의자를 쳤습니다. 그는 "오, 이런!"Oh, Jesus!이라고 외쳤습니다. 그 순간 그가 무슨 생각을 하고 있었는지 궁금했습니다.

두 번째 사례는 한 여론조사 기관에서 실시한 설문조사에 대한 보도였습니다. 기본적으로 이 설문조사는 종교적 선호도에 관한 것이었습니다. 오늘날 문화에서 기독교를 바라보는 시각과 마찬가지로 '예수'는 여러 선택지 중 하나였습니다.

세 번째 사례에서 화자는 예수님이 자신의 삶을 어떻게 변화시켰는지에 대해 이야기하는 유튜브 영상을 보고 있었습니다. 그녀의 말과 어조는 경건하고 감동적이었습니다.

오늘날 예수님의 이름을 들어본 적이 없는 사람은 거의 없습니다. 사람들은 그 의미를 다양한 방식으로 이해합니다. 그 이름에 반응하는 방식도 다양합니다. 하지만 우리는 모든 사람이 언젠가는 예수님의 이름에 응답하도록 부름받을 것을 알고 있습니다. 그리고 그때는 모두가 경외감과 두려움으로 답할 것입니다. 사도 바울은 그 정황을 이렇게 표현합니다. "이러므로 하나님이 그를 지극히 높여 모든 이름 위에 뛰어난 이름을 주사 하늘에 있는 자들과 땅에 있는 자들과 땅 아래에 있는 자들로 모든 무릎을 예수의 이름에 꿇게 하시고 모든 입으로 예수 그리스도를 주라 시인하여 하나님 아버지께 영광을 돌리게 하셨느니라"(빌 2:9-11).

하나님 사랑의 가장 큰 증거는 예수님을 우리에게 보내신 것입니다. 하나님은 물리적 세계로 오셨습니다. 인류의 영역에 오셨습니다. 예수님은 온전한 신이시자 온전한 사람이었습니다. 하나님의 기적적인 손길에 의해서만 이런 일이 일어날 수 있으므로 이해하기 쉽지는 않습니다. 그러나 실제로 일어났습니다. 그리고 그 한 사람이 역사의 흐름을 영원히 바꾸어놓았습니다.

—— 예수님은 완전한 인간입니다

예수님이 동정녀를 통해 탄생했다는 교리는 예수님의 완전한 인성을 이해할 때 중요한 부분입니다. 마태복음 1장 18절에서 우리는 이 진리를 분명하게 읽습니다. "예수 그리스도의 나심은 이러하니라 그의 어머니 마리아가 요셉과 약혼하고 동거하기 전에 성령으로 잉태된 것이 나타났더니."

이 기적적인 잉태는 성령의 역사를 통해 하나님이 예수님의 아버지라는 것을 의미합니다. 그러나 예수님은 또한 마리아의 아들이기도 합니다. 그분은 온전한 신이셨고 또한 온전한 인간이셨습니다. 그의 탄생은 마태복음에 따르면 이사야 7장 14절의 성취였습니다. "이 모든 일이 된 것은 주께서 선지자로 하신 말씀을 이루려 하심이니 이르시되 보라 처녀가 잉태하여 아들을 낳을 것이요 그의 이름은 임마누엘이라 하리라 하셨으니 이를 번역한즉 하나님이 우리와 함께 계시다 함이라"(마 1:22-23).

예수님은 죄를 짓는 것 외에는 인간의 모든 특성을 보여주셨습니다. 예를 들어, 그의 몸은 피곤했습니다. 한 번은 배를 타고 가다가 폭풍우를 맞으며 잠이 들었습니다. "바다에 큰 놀이 일어나 배가 물결에 덮이게 되었으되 예수께서는 주무시는지라"(마 8:24).

예수께서 금식하고 기도하며 지상 사역을 준비하기 위해 광야로 가셨을 때, 긴 금식으로 인해 다른 사람들과 마찬가지로 배고픔에 시달렸습니다. "사십 일을 밤낮으로 금식하신 후에 주리신지라"(마 4:2).

예수님은 또한 인간의 모든 감정에 익숙하셨습니다. "예수께서 그가 우는 것과 또 함께 온 유대인들이 우는 것을 보시고 심령에 비통히 여기시고 불쌍히 여기사"(요 11:33)는 말씀에서처럼, 친구 나사로의 죽음에 대해 보인 사람들의 반응에 분노를 나타내셨습니다. 그 분노의 감정은 그들의 불신앙을 향한 것이었지만, 예수님도 나사로의 죽음에 슬퍼하셨습니다. "예수께서 눈물을 흘리시더라"(요 11:35).

예수님은 우리 삶을 경험하시기 위해 완전한 인간이 되셨습니다. 그러나 그분의 삶은 우리와 달리 죄가 없으셨고 완벽하셨습니다. 그분은 다른 누구도 순종할 수 없을 때 완벽하게 순종하셨습니다. 바울은 예수님을 아담과 비교했습니다. 후자는 죄가 세상에 들어오도록 한 사람이었으나 전자는 완벽한 사람이었습니다. "한 사람이 순종하지 아니함으로 많은 사람이 죄인 된 것같이 한 사람이 순종하심으로 많은 사람이 의인이 되리라"(롬 5:19).

예수님은 완전한 인간이기 때문에 우리의 모든 인간성을 이해하십니다. 따라서 그분은 하나님 앞에서 우리를 완벽하게 대표하십니다. "그러므로 그가 범사에 형제들과 같이 되심이 마땅하도다 이는 하나님의 일에 자비하고 신실한 대제사장이 되어 백성의 죄를 속량하려 하심이라"(히 2:17). 또한, 예수님은 "시험을 받아 고난을 당하셨은즉 시험받는 자들을 능히 도우실 수"(히 2:18) 있는 분입니다.

하나님은 우리를 너무나 사랑하셔서 아들을 보내셔서 우리를 위해 죽게 하셨습니다. 하지만 예수님은 먼저 완전한 인간이 되셨고, 완전한 유혹을 받았으며, 고난과 고통으로 가득 찬 삶을 사셨습니다. 실제로 우리를 위해 죽으셨을 때 십자가에서 가장 큰 희생이 있었지만, 삶에서도 고통과 고난을 겪으셔야만 했습니다.

여러 면에서 그리스도의 희생은 탄생 순간부터 시작되었습니다. 그 희생은 그의 죽음으로 절정에 이르렀습니다. 하지만 그 모든 과정에서 예수님은 완전한 인간이셨습니다.

—— 예수님은 온전히 신이십니다

예수님은 마리아에게서 태어났습니다. 따라서 그는 완전한 인간입니다. 그러나 그는 성령의 능력으로 잉태되었으므로 온전한 신이기도 합니다.

천사들은 예수라는 인간 아기의 탄생을 축하했을 뿐만 아니라 하나님 자신이 세상에 오신 것을 선포한 것이기도 합니다. "오늘 다윗의 동네에 너희를 위하여 구주가 나셨으니 곧 그리스도 주시니라"(눅 2:11). 그리고 마태복음 1장 23절에서 언급했듯 예수님은 "하나님이 우리와 함께 계시다"라는 뜻의 임마누엘로 불렸습니다.

사도 바울은 "아버지께서는 모든 충만으로 예수 안에 거하게 하시고 … 그[예수] 안에는 신성의 모든 충만이 육체로 거하[신다]"(골 1:19, 2:9)라고 고백합니다. 우리는 때때로 예수님을 "성육신하신 하나님"이라고 말하는데, 이는 "육신을 입은 하나님"이라는 뜻입니다.

우리는 예수님을 반대하는 사람들, 특히 바리새인들과의 만남에서도 예수님에 대해 많은 것을 배울 수 있습니다. 예수님은 그 엄격한 종교 지도자들과의 대화에서 하나님으로서 정체성을 드러내기 시작하셨습니다. 예수님은 그들이 진정으로 아버지를 안다면 예수님이 누군지도 알 것이라고 하셨습니다. "너희는 나를 알지 못하고 내 아버지도 알지 못하는도다 나를 알았더라면 내 아버지도 알았으리라"(요 8:19).

언쟁의 정점은 예수님께서 "나는"이라는 이름을 주장하셨을 때였습니다. 그분은 바리새인들을 직접 겨냥해 말씀하셨습니다. "예수께서 이르시되 진실로 진실로 너희에게 이르노니 아브라함이 나기 전부터 내가 있느니라 하시니"(요 8:58). 예수님은 출애굽기 3장 14절에서 모세에게 말씀하실 때 하나님이 자신을 위해 취하셨던 동일한 칭호를 사용하셨습니다. "나는 스스로 있는 자이니라 또 이르시되 너는 이스라엘 자손에게 이같이 이르기를 스스로 있는 자가 나를 너희에게 보내셨다 하라."

바리새인들은 예수께서 자신을 신神이라고 주장한다는 것을 분명히 알고 있었습니다. 이것으로 예수님을 이단으로 몰아 돌로 쳐 죽일 준비가 되어 있었습니다. "그들이 돌을 들어 치려 하거늘 예수께서 숨어 성전에서 나가시니라"(요 8:59).

예수님의 신성은 선지자, 제사장, 왕이라는 직분을 통해서도 이해할 수 있습니다. 하나님은 종종 선지자를 통해 백성에게 말씀하셨습니다. 모세는 이스라엘 백성에게 자신과 같은 다른 선지자들이 일어날 것이라고 말했습니다. "네 하나님 여호와께서 너희 가운데 네 형제 중에서 너를 위하여 나와 같은 선지자 하나를 일으키시리니 너희는 그의 말을 들을지니라"(신 18:15). 그러자 주님은 모세의 말을 확인시켜 주셨습니다. "내가 그들의 형제 중에서 너와 같은 선지자 하나를 그들을 위하여 일으키고 내 말을 그 입에 두리니 내가 그에게 명령하는 것을 그가 무리에게 다 말하리라"(신 18:18).

사도 베드로는 초대교회 형성기에 설교하면서 그리스도가 모든 예언의 성취자이며 하나님을 대변할 수 있는 완벽한 선지자라고 확언했습니다. "누구든지 그 선지자의 말을 듣지 아니하는 자는 백성 중에서 멸망받으리라"(행 3:23).

구약성경에서 아브라함은 멜기세덱 제사장을 보고 그를 존경할 만한 사람으로 인정했습니다. 아브라함이 군사적 승리를 거두고 돌아왔을 때 멜기세덱은 빵과 포도주를 가지고 그를 맞이합니다(창 14:18-22). 멜기세덱은 "살렘의 왕이자 지극히 높으신 하나님의 제사장"으로 소개됩니다. 멜기세덱은 아브라함을 축복했고, 아브라함은 제사장에게 전투에서 거둔 전리품의 10분의 1을 주었습니다.

멜기세덱은 성경에서 다소 신비로운 인물로 남아 있지만, 우리는 그를 하나님의 제사장으로 인정합니다. 그리스도께서는 멜기세덱의 혈통을 잇는 우리의 대제사장이 되시기 위해 휘장을 통해 하나님의 지성소 안으로 들어가셨습니다. "그리로 앞서가신 예수께서 멜기세덱의 반차를 따라 영원히 대제사장이 되어 우리를 위하여 들어가셨느니라"(히 6:20).

이제 우리에게는 우리를 위해 끊임없이 중보하시는 완벽한 대제사장 예수님이 계십니다. 진정으로 신이신 제사장만이 이 중보를 할 수 있습니다. 예수님은 완전하심으로 하나님 앞에서 우리의 죄를 위해 중보하셨습니다.

그리스도께서는 또한 왕의 직분을 가지고 계십니다. 구약성경의 수많은 예언은 장차 오실 왕을 가리킵니다. 시편 기자는 2편 6-7절에서 "내가 나의 왕을 내 거룩한 산 시온에 세웠다 하시리로다 내가 여호와의 명령을 전하노라 여호와께서 내게 이르시되 너는 내 아들이라 오늘 내가 너를 낳았도다"라고 선언합니다.

신약성경은 또한 예수님의 왕권을 확증합니다. 그분의 초기 지상 생활과 십자가에서의 죽음 모두에서 말입니다. 동방박사들은 예수님의 탄생에 관한 질문을 던졌습니다. "유대인의 왕으로 나신 이가 어디 계시냐 우리가 동방에서 그의 별을 보고 그에게 경배하러 왔노라 하니"(마 2:2). 군인들은 예수를 십자가에 못 박기 직전에 옷을 벗기고 때리며 그분을 조롱합니다. "가시관을 엮어 그 머리에 씌우고 갈대를 그 오른손에 들리고 그 앞에서 무릎을 꿇고 희롱하여 이르되 유대인의 왕이여 평안할지어다 하며 그에게 침 뱉고 갈대를 빼앗아 그의 머리를 치더라"(마 27:29-30).

예수가 태어나서 죽을 때까지, 숭배를 받든 경멸을 받든 주변 사람들은 예수가 왕이라는 사실을, 최소한 자신이 왕이라고 주장했다는 사실을 알고 있었습니다.

―― 그리스도의 현재 사역

그리스도께서는 오늘도 교회를 세우고 계십니다. 예루살렘에서 교회가 처음 시작되었을 때, 사람들을 교회로 불러모으신 분은 그리스도였습니다. "주께서 구원받는 사람을 날마다 더하게 하시니라"(행 2:47). 실제로 교회는 "그리스도의 몸"(고전 12:12)이라고 불리며 오늘날에도 예수님께서 교회를 인도하고 계심을 분명히 선포하고 있습니다.

　　예수님도 신자인 우리를 위해 기도하고 계십니다. 저는 살아오면서 매일 저를 위해 기도하시는 분들을 포함해 많은 분의 기도를 통해 축복을 받았습니다. 제가 담임목사로 섬기던 교회에서 한 여성 교인은 매일 정오에 저를 위해 기도하는 일에 100명이 넘는 교인들을 동참하도록 했습니다. 이들은 어디에 있든, 무엇을 하든 정오가 되면 멈춰 서서 저를 위해 짧게 기도했습니다. 놀라우면서도 저를 겸손하게 하는 일이었습니다.

　　더욱 놀라운 것은 예수님께서 모든 믿는 자를 위해 기도하신다는 사실입니다. "그러므로 자기를 힘입어 하나님께 나아가는 자들을 온전히 구원하실 수 있으니 이는 그가 항상 살아 계셔서 그들을 위하여 간구하심이라"(히 7:25).

예수님은 단지 30년 동안만 이 땅에 사신 분으로 오신 것이 아니라 오늘날에도 교회와 우리 각자를 개별적으로 섬기고 계십니다. 그분이 지금 이 순간에도 우리와 함께하신다는 사실은 무척 설레고 든든하게 합니다. 우리는 주님의 재림을 소망하며 오늘도 큰 기대를 가지고 살아갑니다.

—— 그리스도의 미래 사역

예수님은 언젠가 직접 영광스럽게 이 땅에 다시 오실 것이며, 죽은 자들은 살아날 것이며, 모든 사람을 의로 심판하실 것이라고 약속하셨습니다. 예수님을 믿는 사람들은 부활하고 영광스러운 몸을 받게 될 것입니다. 또한, 그들은 상급을 받고 주님과 함께 하늘에서 영원히 거할 것입니다. 현재 예수님은 승천을 통해 지상 사역에서 하늘 사역으로 옮겨가셨는데, 승천은 예수님이 지상을 떠나 하늘로 올라가신 그 순간을 가리키는 용어입니다. 이 사건을 목격한 신자들은 예수님이 다시 오실 것이니 용기를 내라는 말을 들었습니다.

이 말씀을 마치시고 그들이 보는데 올려져 가시니 구름이 그를 가리어 보이지 않게 하더라 올라가실 때에 제자들이 자세히 하늘을 쳐다보고 있는데 흰옷 입은 두 사람이 그들 곁에 서서 이르되 갈릴리 사람들아 어찌하여 서서 하늘을 쳐다보느냐 너희 가운데서 하늘로 올려지신 이 예수는 하늘로 가심을 본 그대로 오시리라 하였느니라.

사도행전 1:9-11

그래서 예수님 이야기는 계속되고 있으며, 다음으로 기대되는 사건은 그의 재림입니다. 우리는 인내심과 기대감을 가지고 기다립니다.

"이것들을 증언하신 이가 이르시되 내가 진실로 속히 오리라 하시거늘 아멘 주 예수여 오시옵소서"(계 22:20).

토론 질문

1 성경에서 예수님이 완전한 인간이었다는 분명한 증거는 무엇인가요?

2 예수님은 왜 사람으로 이 땅에 오셨을까요?

3 예수께서 정기적으로 기도하신다는 것은 여러분에게 어떤 의미인가요?

04장

나는 성령 하나님을 믿습니다

교회에 다닌 대부분 기간에 저는 성령에 대한 가르침이나 설교를 거의 듣지 못했습니다. "한 하나님, 세 위격"과 같은 문구는 들었지만 성령의 인격, 역할 및 사역을 언급한 설교를 듣거나 공과를 읽은 적은 거의 없었습니다.

아버지 하나님에 대한 가르침은 많이 있었습니다. 그리고 확실히 아들 하나님에 관해서는 많이 배웠습니다. 그러나 성령 하나님에 대해서는 거의 듣지 못했습니다.

20대에 저는 자기 교회를 "성령이 충만한 교회"라고 묘사하는 그리스도인 남성을 만났습니다. 이 설명에는 전혀 잘못된 것이 없습니다. 저는 모든 교회가 진정으로 성령의 인도를 받았으면 좋겠습니다. 하지만 그의 교회를 방문했을 때 저는 성경에서 찾을 수 없는 성령에 대한 가르침을 들었습니다. 저는 혼란스러웠습니다.

지금은 성령에 대한 가르침과 이해가 성경적으로 균형 잡힌 교회에 다니고 있습니다. 과거에 제가 다녔던 대부분 교회는 성령에 대해 거의 가르치지 않았습니다. 성경에 없는 성령의 여러 측면에 관해 가르치는 교회도 많았습니다.

이 책은 "나는 성경을 믿습니다"라는 장으로 시작했지요. 이러한 배치는 마구잡이로 한 것이 아닙니다. 하나님에 대해 듣고 배우는 모든 것을 우리는 하나님 말씀인 성경으로 확인해야 합니다. 이는 모든 교리에 해당하며 성령의 교리를 이해하는 데도 적용됩니다. 그렇다면 성경이 성령에 대해 어떻게 말하는지 살펴봅시다.

—— 성령은 인격입니다

다음 장에서는 삼위일체 전체를 살펴볼 것입니다. 삼위일체 교리는 하나님은 하나이시며 세 위격으로 존재하신다는 것입니다. 우리 대부분은 예수 그리스도의 인격을 이해할 수 있습니다. 다행히도 우리에게는 그분의 지상 생애라는 사복음서에 담긴 기록이 있기 때문입니다. 이전 장에서 언급했듯이 예수님은 온전한 하나님이셨을 뿐만 아니라 온전한 사람이었습니다. 우리는 복음서 곳곳에서 그분의 인성을 볼 수 있습니다.

어떤 사람에게는 아버지 하나님을 한 인격체로 대하며 이해하는 것이 명확하지 않을 수 있습니다. 특히 그리스도인이 아닌 사람들에게는 하나님에 대한 개념이 멀게만 느껴질 수 있습니다. 아버지에 대한 이미지는 사람마다 다르며, 종종 인간 아버지와의 관계에 따라서도 크게 달라집니다.

성령Holy Spirit이라는 이름 자체가 성령을 인격으로 대하지 못하게 할 수도 있습니다. 영spirit이라는 단어를 들으면 성령이 인격이라는 사실을 이해하는 데 대부분 어려움을 느낍니다. 우리는 인간과 같은 특성을 가진 사람, 우리가 보거나 만질 수 있는 사람에 대해서만 '인격'을 느낄 가능성이 더 큽니다.

그러나 성령은 단순한 영향력이 아니라 인격체이십니다. 바울은 에베소서 4장 30절에서 "하나님의 성령을 근심하게 하지 말라 그 안에서 너희가 구원의 날까지 인치심을 받았느니라"라고 말합니다. 성령은 인격으로서 슬픔을 느끼실 수 있습니다. NIV, ESV, NJKV와 같은 일부 번역본에서는 "성령을 슬프게 하지 말라"Do not grieve the Holy Spirit라고 말합니다. 성령은 감정적 고통을 느끼며, 실제 감정을 가진 분이십니다.

우리가 성령께 응답할 수 있는 한 가지 방법은 성령의 말씀에 순종하는 것입니다. 사도행전 10장 9-20절에서 베드로는 깨끗하고 부정한 동물에 대한 환상을 봅니다. 베드로가 그 환상을 이해하려고 애쓰고 있을 때 성령께서 세 사람이 그를 찾아왔다고 말씀하십니다. "일어나 내려가 의심하지 말고 함께 가라 내가 그들을 보내었느니라 하시니"(행 10:20). 성령은 베드로에게 세 가지 간단한 명령을 내렸고 베드로는 순종합니다. 그는 알 수 없는 어떤 힘에 순종한 것이 아니라 성령의 인격에 순종한 것입니다. 그 만남을 통해 하나님께서는 베드로에게 환상의 의미를 계시해주십니다. 예수님은 베드로에게 이방인을 부정하게 보지 말라고 말씀하십니다. 결국, 하나님은 어떤 집단도 편애하지 않으십니다. 이 환상은 곧 베드로가 유대인이 아닌 자들을 포함한 모든 사람에게 복음을 전하는 것으로 이어집니다.

성령에게도 거짓말을 할 수 있습니다. 예를 들어, 베드로 사도는 아나니아와 삽비라가 자기 소유를 팔아 교회에 드린 것과 관련해 거짓말을 했다고 그들을 맞서고 있습니다. 베드로는 그들이 단순한 힘이나 물건이 아니라 '누군가'에게 거짓말을 했다고 주장합니다.

그는 사도행전 5장 3절에서 아나니아를 먼저 대면합니다. "아나니아야 어찌하여 사탄이 네 마음에 가득하여 네가 성령을 속이고 땅값 얼마를 감추었느냐."

3시간 후 베드로는 아나니아의 아내 삽비라에게 "너희가 어찌 함께 꾀하여 주의 영을 시험하려 하느냐"(행 5:9)라고 따집니다.

성령은 슬퍼하실 수 있습니다. 성령은 순종해야 할 대상입니다. 누군가가 성령을 속이려 들 수도 있습니다. 이것은 인격을 가진 사람의 특성이기도 합니다. 성령께서 인격이라고 성경이 분명히 가르치는 몇 가지 사례에 불과합니다.

—— 성경에 나타난 성령의 역사

성부, 성자, 성령은 항상 존재해왔습니다. 세 분 모두 창조에 관여하셨습니다. 예를 들어, 창세기 1장 26절은 "하나님이 이르시되 우리의 형상을 따라 우리의 모양대로 우리가 사람을 만들고…"라고 기록합니다. 창세기 1장 2절에는 창조 시 성령의 사역이 묘사되어 있습니다. "땅이 혼돈하고 공허하며 흑암이 깊음 위에 있고 하나님의 영은 수면 위에 운행하시니라."

성령도 가르치십니다. 예수님은 제자들을 가르치셨지만 성령은 모든 신자를 가르치십니다. 예수님은 "보혜사 곧 아버지께서 내 이름으로 보내실 성령 그가 너희에게 모든 것을 가르치고 내가 너희에게 말한 모든 것을 생각나게 하리라"(요 14:26)라고 말씀하셨습니다.

잠시 그 구절을 음미해보세요. 예수님이 여러분과 함께 앉아 그분의 진리를 가르쳐주셨으면 좋겠다고 생각한 적이 있나요? 스승에게서 직접 듣는다면 어떤 느낌일까요? 이 구절에서 예수님이 말씀하시는 핵심이 그것입니다. 예수님은 종종 군중에게 말씀하고 가르치셨지만, 제자들은 직접 가르치셨습니다. 그러나 삼위일체의 세 번째 위격이신 성령은 모든 신자를 가르치십니다.

성경을 읽고 하나님 음성을 듣고자 할 때 성령께서는 명료함과 이해력을 주실 것입니다. 공식 사역과 신학 훈련의 가치를 존중하지만, 성령은 모든 신자를 위해 존재합니다. 그분은 여러분의 첫 번째 선생님이 되십니다.

또한, 성령께서는 여러분을 위해 하나님 아버지께 기도하십니다. 로마서 8장 26절은 강력한 말씀입니다. "이와 같이 성령도 우리의 연약함을 도우시나니 우리는 마땅히 기도할 바를 알지 못하나 오직 성령이 말할 수 없는 탄식으로 우리를 위하여 친히 간구하시느니라."

제가 20대였을 때 아버지가 돌아가셨습니다. 우리는 아주 가까운 사이였죠. 그는 제 아버지일 뿐만 아니라 가장 친한 친구이기도 했습니다. 저는 하나님께 아버지의 암을 낫게 해달라고 기도하고 또 기도했습니다.

하지만 날이 갈수록 아버지의 병세는 악화되었습니다. 계속 기도하기가 쉽지 않았습니다. 어떻게 기도해야 할지, 무엇을 기도해야 할지조차 모르는 지경에 이르렀습니다.

그러다가 로마서 8장 26절을 읽었습니다. 성령님은 그 구절을 통해 제가 기도할 수 없을 때도 저를 위해 기도하고 계신다는 사실을 잊지 않게 하셨습니다. 저를 향한 하나님의 사랑을 다시 한번 맛보는 놀라운 순간이었습니다.

성령은 또한 우리 죄를 유죄 판결합니다. 요한복음 16장 8절에서 예수님은 이것이 성령의 역할 중 하나라고 분명히 말씀하십니다. "그[성령]가 와서 죄에 대하여, 의에 대하여, 심판에 대하여 세상을 책망하시리라." 하나님 말씀을 읽을 때 우리는 죄와 그 결과를 분명히 볼 수 있습니다. 우리는 성경에 순종하지 않을 때 어떻게 되는지 알 수 있습니다. 또한, 성경이 내 앞에 있지 않더라도 성령은 우리에게 죄를 깨닫게 해주십니다. 성령은 우리가 그리스도를 믿는 사람으로 성장하는 데 매우 중요한 역할을 하십니다.

성령의 또 다른 사역은 다른 많은 방법으로 신자들을 돕는 것입니다. 예수님은 요한복음 14장 16절에서 "내가 아버지께 구하겠으니 그가 또 다른 보혜사*Parakletos, Advocate*를 너희에게 주사 영원토록 너희와 함께 있게 하리니"라고 말씀하셨습니다. 본문의 '파라클레토스', 즉 보혜사 혹은 옹호자Advocate, NLT라는 단어는 조력자Helper, ESV로도 번역됩니다. 위로자Comforter, KJV, 상담자Counselor, CSB[Christian Standard Bible]로 옮기기도 합니다. 각 번역 사이의 유사점이 보일 것입니다. 성령은 우리 곁에서 동행하십니다.

실제로 대언자를 뜻하는 헬라어 '파라클레톤'*parakleton*은 "부르심"과 "곁에"라는 두 단어가 결합된 말입니다. 따라서 성령 사역의 문자 그대로의 의미는 신자들과 함께 일하도록 부르심을 받았다는 것입니다. 이 진리는 강력하고 고무적인 사실입니다. 우리에게는 삼위일체의 세 번째 위격인 성령이 우리와 동행하고 계십니다. 또한, 요한복음 14장 16절의 결론을 주목해볼까요? "그가 또 다른 보혜사를 너희에게 주사 **영원토록 너희와 함께 있게 하리니.**" 성령은 우리를 돕기 위해 임재하실 뿐만 아니라 항상 우리를 돕기 위해 거하십니다.

"거듭남"이라는 말을 들어보셨을 것입니다. 이 말은 예수님이 직접 말씀하신 철저히 성경적인 표현입니다. 요한복음 3장에서 예수님은 니고데모에게 "진실로 진실로 네게 이르노니 사람이 거듭나지 아니하면 하나님의 나라를 볼 수 없느니라"(요 3:3)라고 말씀하십니다. 니고데모가 이 말에 당황하자 예수님은 더 자세히 설명해주십니다.

> 육으로 난 것은 육이요 영으로 난 것은 영이니 내가 네게 거듭나야 하겠다 하는 말을 놀랍게 여기지 말라 바람이 임의로 불매 네가 그 소리는 들어도 어디서 와서 어디로 가는지 알지 못하나니 성령으로 난 사람도 다 그러하니라. 요한복음 3:6-8

여기서 예수님은 성령의 주요 사역 중 하나인 신자들에게 영적인 생명을 주시는 것에 관해 설명하십니다. 모든 인간은 육체적 생명을 가지고 있지만, 오직 신자만이 그리스도 안에서 영적 생명을 소유합니다. 예수님은 또한 성령이 하시는 일을 사람은 완전히 이해할 수는 없음을 분명히 하십니다.

구약에서 성령의 임재는 선택적이고 일시적이었습니다. 하지만 신약에서는 모든 믿는 이들에게 영구적입니다. 예수께서 말씀하셨습니다,

> 내가 아버지께 구하겠으니 그가 또 다른 보혜사를 너희에게 주사 영원토록 너희와 함께 있게 하리니 그는 진리의 영이라 세상은 능히 그를 받지 못하나니 이는 그를 보지도 못하고 알지도 못함이라 그러

나 너희는 그를 아나니 그는 너희와 함께 거하심이요 또 너희 속에 계시겠음이라. 요한복음 14:16-17

성령은 오순절 교회의 탄생과 함께 모든 신자 안에 영구적으로 거하시게 되었습니다(행 2:1-4). 오순절에 베드로가 설교를 마치면서 하나님의 부르심을 받은 모든 사람에게 "성령의 선물"을 받으라고 권했습니다(행 2:38-39). 성령은 신자들을 중생시키고 새 생명을 주시는 일을 시작하셨습니다. 그분은 오늘날에도 신자들의 삶 속에서 그 일을 계속하고 계십니다.

토론 질문

1 성령이 인격체이심을 성경은 어떻게 분명하게 가르칩니까?

2 성령이 우리의 보혜사(옹호자)라는 사실은 오늘날 우리에게 어떤 의미가 있습니까?

3 오늘날 성령은 여러분을 어떻게 가르치고 확신을 주십니까?

05장

---◆---

나는 삼위일체를 믿습니다

하나님은 세 위격이십니다. 각 위격은 고유하며 성경에서 각기 구분됩니다. 아버지, 아들, 성령입니다. 하나님은 영원히 세 위격으로 존재해왔지만, 하나님은 한 분뿐입니다. 앞의 세 장에서는 세 위격을 각각 개별적으로 보았습니다. 이번에는 삼위일체 교리의 맥락에서 신격의 위격을 살펴보겠습니다.

한 분 하나님 안에 세 위격이 계신다는 개념은 우리의 유한한 생각으로는 이해하기 어렵습니다. 그럼에도 불구하고 성경은 하나님이 한 분이시며 하나님은 세 위격이시라는 점을 분명히 밝히고 있습니다.

창세기는 창조 행위를 설명할 때 복수형(세 존재)과 단수형(한 분 하나님)을 사용하여 하나님을 묘사합니다. 예를 들어 창세기 1장

26절에는 "하나님이 이르시되 우리의 형상을 따라 우리의 모양대로 우리가 사람을 만들고…"라고 나와 있습니다. 하나님은 분명히 '우리'를 사용하여 하나 이상의 존재를 지칭합니다. 그런 다음 창세기 1장 27절에서 하나님은 단수 대명사 '자기'를 사용하여 "하나님이 자기 형상 곧 하나님의 형상대로 사람을 창조하시되 남자와 여자를 창조하시고"라고 표현합니다.

세례 요한이 예수님께 세례를 베푸는 장면에서 삼위일체에 대한 강력하고 명료한 그림이 등장합니다.

> 예수께서 세례를 받으시고 곧 물에서 올라오실새 하늘이 열리고 하나님의 성령이 비둘기같이 내려 자기 위에 임하심을 보시더니 하늘로부터 소리가 있어 말씀하시되 이는 내 사랑하는 아들이요 내 기뻐하는 자라 하시니라. 마태복음 3:16-17

성자 하나님은 세례를 받으셨습니다. 성령 하나님께서 예수님 위에 임하셨습니다. 그리고 아버지 하나님께서 말씀하셨습니다.

흔히 "지상 명령"이라고 부르는 구절에도 삼위일체가 등장합니다. 예수님은 이렇게 말씀하십니다. "그러므로 너희는 가서 모든 민족을 제자로 삼아 아버지와 아들과 성령의 이름으로 세례를 베풀고"(마 28:19). 우리가 세례를 받고 신자로서 정체성을 고백할 때, 우리는 삼위일체 세 위격의 이름으로 그렇게 합니다.

우리는 또한 구원이 삼위일체의 역사라고 배웁니다.

또 오셔서 먼 데 있는 너희에게 평안을 전하시고 가까운 데 있는 자들에게 평안을 전하셨으니 이는 그로 말미암아 우리 둘이 한 성령 안에서 아버지께 나아감을 얻게 하려 하심이라. 에베소서 2:17-18

—— 한 하나님

하나님이 세 위격이심을 확언할 때 그분이 한 분이시라는 사실도 잊지 말아야 합니다. 하나님께서는 이스라엘이 약속의 땅에 들어가도록 준비하실 때, 한 분이신 하나님의 모든 명령에 순종하라고 권면하셨습니다. "이스라엘아 들으라 우리 하나님 여호와는 오직 유일한 여호와이시니"(신 6:4). NIV와 같은 일부 번역본에서는 "오직 유일한 여호와"라는 부분을 나타나기 위해 '하나'(one, 한)를 사용합니다. "이스라엘아 들으라. 주 우리 하나님, 주님은 한 분이시다"Hear, O Israel. The Lord our God, the Lord is one.

바울은 로마인들에게 보낸 편지에서 "할례자도 믿음으로 말미암아 또한 무할례자도 믿음으로 말미암아 의롭다 하실 하나님은 한 분이시니라"(롬 3:30)라고 단언합니다.

그리고 야고보는 귀신들조차도 하나님은 오직 한 분이라는 것을 인정한다는 사실을 상기시킵니다. "네가 하나님은 한 분이신 줄을 믿느냐 잘하는도다 귀신들도 믿고 떠느니라"(약 2:19).

—— 세 위격

우리는 일반적인 언어에서 '사람'person이라는 단어를 개별적인 사람을 지칭할 때 사용합니다. 따라서 인간적인 용어로 생각할 때, 세 인격three persons으로서의 하나님 개념에 대해 혼란을 느낄 수 있습니다. 예를 들어 레베카, 짐, 쉴라를 지칭할 때 우리는 서로 다른 존재인 세 사람을 지칭합니다. 그러나 우리가 성부, 성자, 성령을 언급할 때는 세 분이 각각 따로가 아니라 동일한 본질을 가진 한 분 하나님을 언급하는 것입니다. 하나님은 한 분이시지만 세 위격three persons으로 자신과 관계하십니다.

성경 전체에서 삼위일체 세 위격은 모두 하나님이라고 불립니다. 아버지 하나님은 삼위일체의 한 위격이십니다. 예수께서는 제자들과 우리에게 아버지께 기도하라고 직접 가르치셨습니다. "그러므로 너희는 이렇게 기도하라 하늘에 계신 우리 아버지여 이름이 거룩히 여김을 받으시오며"(마 6:9). 이 기도문에는 두 가지 현실이 분명하게 드러나 있습니다. 첫째, 아버지 하나님은 하늘에 계신다는 사실입니다. 둘째, 아들이 아버지께 기도하고 있기 때문에 아버지 하나님과 아들 하나님은 다른 인격체입니다.

성자 하나님은 삼위일체의 한 인격이십니다. 바울은 "그 안에는 신성의 모든 충만이 육체로 거하[신다]"라고 설명합니다(골 2:9). 이 구절은 그리스도가 온전한 하나님이심을 보여줄 뿐만 아니라 온전한 인간이기도 하다는 사실을 강력하게 상기시킵니다.

성령 하나님은 삼위일체의 세 번째 위격이며 항상 인칭 대명사 '그'로 지칭됩니다. 에베소서 4장 30절에서 바울은 "하나님의 성령을 근심하게 하지 말라"라고 썼습니다. 무생물이나 단순한 힘은 슬퍼할 수 없으므로 성령은 분명히 인격체이십니다. 성령은 하나님의 영이시므로 삼위일체의 인격임이 분명합니다.

── 삼위일체 교리의 영광

우리는 삼위일체 교리의 모든 세부 사항을 완전히 알 수는 없지만, 이 교리에서 나오는 실제적인 함의를 살펴볼 수는 있습니다.

첫째, 기독교는 삼위일체를 긍정하는 유일한 신앙입니다. 이는 다른 유일신 신앙을 포함한 세계 종교 중에서 유일무이합니다. 성부, 성자, 성령이 없는 기독교를 상상해보세요. 기독교의 본질을 담고 있는 삼위일체 없이는 기독교 신앙을 이해할 수 없습니다.

둘째, 삼위일체는 하나님의 놀라운 관계적 측면을 보여줍니다. 아들 예수님은 아버지께 복종하십니다. 아버지는 아들을 사랑하십니다. 아들은 성령을 보내서서 모든 신자 안에 그분의 임재가 있게 하십니다. 삼위일체 안의 관계를 볼 때 우리는 궁극적으로 관계의 충만함을 이해할 수 있습니다.

셋째, 삼위일체는 하나님께 영광을 돌리는 것의 의미를 이해하도록 도와줍니다. 어떤 사람들은 삼위일체 세 위격 간의 관계에 내

재한 영광을 보지 못하므로 자신에게 영광을 돌리시는 하나님의 열망God's desire에 대해 이기적이라며 오해합니다. 그러나 삼위일체의 각 위격은 성부, 성자, 성령 사이의 관계에서 서로에게 영광을 가져오십니다.

넷째, 삼위일체는 우리가 복음을 더 온전히 이해하도록 도와줍니다. "하나님이 세상을 이처럼 사랑하사 독생자를 주셨으니"(요 3:16). 아들은 아버지께 순종하여 십자가에서 죽으셨습니다. 예수님은 십자가에 달리시기 직전에 아버지께 드린 기도에서 순종의 고통을 보여주셨습니다. "아버지여 만일 아버지의 뜻이거든 이 잔을 내게서 옮기시옵소서 그러나 내 원대로 마시옵고 아버지의 원대로 되기를 원하나이다"(눅 22:42).

예수님의 부활과 승천 이후, 성령은 사람들에게 죄와 복음을 받아들여야 할 필요성을 깨닫게 하기 시작했습니다. 지상 명령은 복음 전파를 위한 삼위일체적 명령이며, 우리는 삼위일체의 이름으로 세례를 베풉니다. "그러므로 너희는 가서 모든 민족을 제자로 삼아 아버지와 아들과 성령의 이름으로 세례를 베풀고"(마 28:19).

마지막으로, 삼위일체는 우리가 그리스도인으로서 성장하는 데 필요합니다. 앞서 언급했듯이 삼위일체의 세 위격은 모두 전도와 중생에 관여합니다. 특히 우리의 성화, 즉 그리스도인으로서의 영적 성장에 관여하시는 분은 성령이십니다. 바울은 "이 은혜는 곧 나로 이방인을 위하여 그리스도 예수의 일꾼이 되어 하나님의 복음의 제사장 직분을 하게 하사 이방인을 제물로 드리는 것이 성령 안에서 거룩하게 되어 받으실 만하게 하려 하심이라"(롬 15:16)라고 썼습니다. 이것이 바로 그리스도께서 성령을 우리와 함께 두는 것이 더 낫다고 말씀하신 이유입니다.

하나님은 우리를 사랑하십니다. 아버지께서는 아들을 보내셨습니다. 아들은 우리를 위해 자신의 생명을 희생하고 죽음을 물리칩니다. 아들은 하늘로 승천하시고 성령을 보내시어 신자들 안에 거하게 하십니다. 성령은 우리가 신자로서 성장할 수 있도록 우리의 옹호자요 교사가 되십니다.

—— 삼위일체 이해의 어려움

삼위일체를 깊이 이해하려고 모인 한 스터디 그룹에 참여한 적이 있습니다. 성경을 처음 접하는 사람은 없었지만, 우리는 이 교리를 가장 잘 표현할 수 있는 정확한 단어를 찾는 데 모두 어려움을 겪었습니다. 한 회원은 삼위일체에 관한 여러 신학 논문을 읽었지만 그 내용이 너무 복잡해서 혼란스러웠다고 말했습니다.

먼저 삼위일체 교리는 유한한 인간이 이해하기 쉽지 않다는 사실을 인정해야 합니다. 일단 삼위일체Trinity라는 단어는 성경에 나오지 않습니다. 따라서 접두사 'tri'가 붙은 단어에 대해 잘못된 결론을 내릴 수 있습니다. 하지만 삼위일체라는 단어나 인간의 어떤 표현을 동원하더라도 이 교리의 신비를 온전히 표현할 수는 없습니다. 우리는 때때로 유한하고 인간 중심적인 방식으로 영원한 것을 설명하려고 시도할 때가 있습니다. 이 교리를 설명하기 위해 비유와 예화를 사용하기도 합니다. 물론 그 무엇도 충분하지 않습니다. 일부는 성경의 가르침에 반하기도 합니다.

성경에 따르면 유한한 상태인 우리는 무한한 것과 하나님의 진리를 부분적으로만 볼 수 있습니다. 바울은 "우리는 부분적으로 알고 부분적으로 예언"한다고 말했습니다(고전 13:9). 피조물인 우리는 창조주의 복잡성을 완전히 파악할 수 없습니다. 그러므로 삼위일체 교리는 우리가 믿음으로 받아들이는 중요한 진리 중 하나입니다.

하지만 삼위일체의 중요성은 결코 간과될 수 없습니다. 예를 들어, 예수님이 온전한 하나님이 아니며 삼위일체의 구별된 인격이 아니라면 십자가에서 우리 죄에 대한 형벌을 받으시고 죽은 자가운데서 부활하실 수 없었을 것입니다. 그리고 예수님이 부활하지 않으셨다면 우리 믿음은 헛된 것입니다. "그리스도께서 다시 살아나신 일이 없으면 너희의 믿음도 헛되고 너희가 여전히 죄 가운데 있을 것이요 또한 그리스도 안에서 잠자는 자도 망하였으리니 만일 그리스도 안에서 우리가 바라는 것이 다만 이 세상의 삶뿐이면 모든 사람 가운데 우리가 더욱 불쌍한 자이리라"(고전 15:17-19).

우리가 삼위일체 교리의 모든 측면을 완전히 이해할 수는 없지만, 성경이 삼위일체 교리에 대해 분명한 진리를 가르친다는 것은 확신할 수 있습니다. 삼위일체의 각 위격은 완전한 신神입니다. 우리는 이전 세 장에서 이 진리에 대해 썼습니다. 그러면서도 성경은 또한 하나님이 유일하신 분이라고 가르칩니다.

네, 삼위일체 교리는 어렵습니다. 삼위일체에는 세 위격이 있으며, 각 위격은 하나님의 전체 존재를 지니고 있습니다. 이러한 진리를 인간 중심 논리의 맥락에 맞출 수는 없지만 우리는 믿음으로 받아들입니다. 바울과 함께 우리는 "우리가 지금은 거울로 보는 것 같이 희미하나 그때에는 얼굴과 얼굴을 대하여 볼 것이요 지금은 내가 부분적으로 아나 그때에는 주께서 나를 아신 것같이 내가 온전히 알리라"(고전 13:12).

우리는 그리스도와 함께 있을 때까지, 온전히 이해할 때까지 기다립니다. 그때까지 믿음으로 걷고 소망으로 살아갑니다.

토론 질문

1 마태복음 28장 19절의 '지상 명령' 구절이 삼위일체 각 위격의 중요한 역할을 어떻게 강조하는지 설명해보세요.

2 성경은 구원이 삼위일체의 역사라고 어떻게 가르치나요?

3 삼위일체 교리를 이해하려고 할 때 고린도전서 13장 12절은 구체적으로 무엇을 알려주나요?

06장

나는 기도를 믿습니다

상대적으로 가르침의 기회가 많았던 저에게 사람들은 특정 장소에서 만났던 기억이 있는지 묻는 경우가 많습니다. 그런데 기억이 나지 않을 때는 항상 당황스럽습니다. 많은 장소에서 정말 다양한 사람을 만났기 때문에 일일이 기억할 수가 없습니다.

하지만 한 가지 특별한 시간과 장소는 기억합니다.

마을은 그리 크지 않았습니다. 아칸소 중심부 어딘가에 있었어요. 제 기억이 맞는다면 작은 대학이 하나 있었습니다. 교회 예배 때 선교를 강조하는 설교를 하기 위해 방문했습니다. 이 교회는 그때까지 알려져 있지 않았지만 제가 꼭 알고 있어야 했습니다. 우선, 이 교회는 10년이 넘는 기간 동안 지역사회의 인구 통계를 뛰어넘는 놀라운 성장을 경험했습니다. 물론 저는 더 큰 교회와 더

빠른 성장률을 보이는 교회도 많이 알고 있었습니다. 하지만 비슷한 지역사회에서 이만큼 많은 사람에게 다가가는 교회를 찾을 수 있을지 모르겠습니다.

교회가 성장한 이유를 알았습니다. 많은 사람이 그리스도를 따르고, 많은 성도가 선교사가 된 이유를 알았습니다. 하나님께서 이 교회를 축복하신 이유를 알았습니다.

그것은 기도였습니다. 사실, 이렇게 지속적으로 강조하고 힘을 발휘하는 기도 사역을 본 적이 없습니다. 2006년 또는 2007년부터 성도들은 문자 그대로 매일 매시간 그리고 매년 매일 24시간 내내 기도하기 시작했습니다.

그 이후로도 기도는 중단되지 않고 계속되었습니다. 예를 들어, 한 교인은 1년 동안 매주 목요일 새벽 2시부터 3시까지 기도하기로 자원했습니다. 그 교인은 시간이 다 되면 새벽 3시부터 4시까지 기도하기로 예정된 사람에게 전화를 걸어 기도를 넘겨줍니다. 이 기도 주기는 15년 넘게 계속되고 있습니다.

목사는 기도 자원자를 모집할 필요가 없다고 합니다. 심지어 교회 성도들은 매년 교대로 중보기도 사역에 참여해야 합니다. 교회는 기도 시간 동안 일반적인 기도 제목과 구체적인 기도 제목을 안내합니다. 어떤 성도는 한 시간이 금방 지나간다고 말했습니다. 또한, 기도 사역에 참여하는 동안 가장 큰 영적 성장을 경험했다고 말했습니다.

—— 초대교회와 기도

저는 예루살렘에서 교회가 시작되었을 때 경험했던 기도의 힘에 놀라움을 금할 수 없습니다. 예수께서 승천하신 후 그리스도의 제자들은 그들이 머물고 있던 집의 다락방으로 갔습니다. 그들은 다음에 일어날 일을 기다리며 무엇을 했습니까? "여자들과 예수의 어머니 마리아와 예수의 아우들과 더불어 마음을 같이하여 오로지 기도에 힘쓰더라"(행 1:14).

그러자 큰일이 일어났습니다. 성령이 믿는 사람들에게 임했습니다. "홀연히 하늘로부터 급하고 강한 바람 같은 소리가 있어 그들이 앉은 온 집에 가득하며"(행 2:2). 성령으로 충만해진 베드로는 군중에게 설교했습니다. 수천 명이 그리스도를 따르게 되었습니다. "그 말을 받은 사람들은 세례를 받으매 이날에 신도의 수가 삼천이나 더하더라"(행 2:41).

교회는 소수의 신자가 "끊임없이 기도로 하나가 된" 후에 시작되었습니다. 새 교회가 처음에 한 일이 무엇이었습니까? "그들이 사도의 가르침을 받아 서로 교제하고 떡을 떼며 **오로지 기도하기를 힘쓰니라**"(행 2:42). 초대교회의 최우선 과제 중 하나는 기도였습니다. 기도는 교회를 인도했습니다. 그리고 그 기도가 교회를 지탱했습니다. 그러므로 교회에서 기도가 왜 그렇게 중요한지 이해하는 것이 중요합니다.

—— 우리는 왜 기도하나요?

앞서 설명했듯, 하나님은 전지전능하시므로 모든 것을 알고 계십니다. 실제로 하나님은 우리가 기도로 표현하기 전에 우리의 필요, 상처, 욕구, 희망을 모두 알고 계십니다. 예수님은 제자들에게 우리가 흔히 '주기도문'이라고 부르는 기도를 가르쳐 주셨습니다. 마태복음 6장 9-13절에 이 기도가 구체적으로 기록되어 있습니다.

예수님은 이 기도문 앞에 이런 말씀을 덧붙이셨습니다. "또 기도할 때에 이방인과 같이 중언부언하지 말라 그들은 말을 많이 하여야 들으실 줄 생각하느니라 그러므로 그들을 본받지 말라 구하기 전에 너희에게 있어야 할 것을 하나님 너희 아버지께서 아시느니라"(마 6:7-8). 예수님의 말씀은 강력한 교훈을 줍니다.

첫째, 기도의 효과는 하나님께 말할 때의 속도나 반복 여부에 달려 있지 않습니다. 우리는 자녀가 아버지에게 말하는 것처럼 말합니다. 그 관계는 따뜻하고 가족적이며 비공식적입니다.

둘째, 아버지에게 정보가 필요해서 우리가 기도하는 것이 아닙니다. 하나님께서는 우리와 관계를 맺길 원하시기 때문에 기도를 청하십니다.

아버지께서는 우리가 기도로 표현하기 전에도 우리가 기도할 바를 아십니다. 예수님은 우리의 최선을 원하시는 자상한 아버지와 대화하는 것처럼 기도에 접근할 것을 상기시키십니다. "너희 중에 아버지 된 자로서 누가 아들이 생선을 달라 하는데 생선 대신에

뱀을 주며 알을 달라 하는데 전갈을 주겠느냐 너희가 악할지라도 좋은 것을 자식에게 줄 줄 알거든 하물며 너희 하늘 아버지께서 구하는 자에게 성령을 주시지 않겠느냐 하시니라"(눅 11:11-13). 우리는 우리를 조건 없이 사랑하시는 하나님 아버지를 의지하고 있음을 인정하기에 기도합니다. 하나님은 우리 기도를 들으실 뿐만 아니라 관심을 가지고 기꺼이 응답해주시므로 우리는 기도합니다. 우리는 하나님께서 이 관계를 기뻐하시기에 기도합니다.

또한, 우리는 삶을 하나님의 사명에 맞추기 위해 기도합니다. 우리는 예수께서 본을 보이신 대로 기도합니다. "나라가 임하시오며 뜻이 하늘에서 이루어진 것같이 땅에서도 이루어지이다"(마 6:10). 하나님 나라의 발전을 위해 기도할 기회가 있다는 것 그리고 그 사명에 왕과 함께 참여한다는 것은 놀라운 일입니다.

—— 기도에는 효과가 있나요?

기도 효과는 기도하려는 자들의 의지와 열망에서 시작된다는 사실을 예수님은 알리십니다. "구하라 그리하면 너희에게 주실 것이요 찾으라 그리하면 찾아낼 것이요 문을 두드리라 그리하면 너희에게 열릴 것이니 구하는 이마다 받을 것이요 찾는 이는 찾아낼 것이요 두드리는 이에게는 열릴 것이니라"(마 7:7-8).

물론 우리는 항상 하나님의 뜻에 따라 구해야 하지만(마 6:10),

그렇다고 해서 담대하게 구하는 것까지 막아서는 안 됩니다. 사실, 우리가 직면하는 가장 큰 장애물은 전혀 구하지 않는 것입니다. "너희가 얻지 못함은 구하지 아니하기 때문이요"(약 4:2).

최근 명문 대학원에 합격하기 위해 며칠 동안 기도했던 그렉이라는 남자와 이야기를 나눴습니다. 학교가 그를 받아주지 않았을 때 그는 충격을 받았습니다. 앞으로 어떻게 살아야 할지 결정하기 전까지 마지못해 사업을 시작했습니다. 사업은 그의 기대와 욕망을 훨씬 뛰어넘어 성장하기 시작했습니다. 비즈니스가 성장하면서 자신이 자원봉사자로 봉사하는 두 사역에 자금을 지원할 수 있었습니다. 그 결과, 두 사역은 봉사 활동 범위와 규모, 영향력을 확장할 수 있었습니다.

사역 중 하나는 플로리다로 확장되었습니다. 플로리다로 봉사 여행을 떠났을 때 그렉은 나중에 아내가 될 한 여성을 만났습니다. 그들은 이제 세 자녀의 부모입니다. 그렉은 지금이 그 어느 때보다 행복하고, 삶은 기대했던 것보다 더 충만하다고 말했습니다.

그는 나머지 이야기를 공유했습니다.

"대학원에 합격하기 위해 기도했을 때 저는 잘못된 동기로 기도했습니다. 하나님 뜻이 이루어지도록 기도한 것이 아니라 명성과 권력을 구했습니다. 그런데도 하나님은 제가 생각한 것이 아니라 저에게 가장 좋은 것으로 제 기도에 응답해주셨습니다."

그렉은 하나님 뜻에 따라 기도하는 것, 즉 하나님을 기쁘시게 하기 위해 기도한다는 것이 무엇인지 강력한 교훈을 배웠습니다.

사도 요한은 간결하고 명확하게 기록합니다. "그를 향하여 우리가 가진바 담대함이 이것이니 그의 뜻대로 무엇을 구하면 들으심이라"(요일 5:14).

── 기도로 하나님께 다가가려면

히브리서 4장 16절은 우리가 어떻게 하나님께 기도해야 하는지를 알려주는 좋은 말씀입니다. "그러므로 우리는 긍휼하심을 받고 때를 따라 돕는 은혜를 얻기 위하여 은혜의 보좌 앞에 담대히 나아갈 것이니라."

우리는 자신감 있게 하나님께 나아가야 합니다. 그분은 하늘에 계신 우리의 아버지이시며 우리에게 가장 좋은 것을 주려고 하십니다. 요한일서 5장 15절, "우리가 무엇이든지 구하는 바를 들으시는 줄을 안즉 우리가 그에게 구한 그것을 얻은 줄을 또한 아니라"라는 말씀에도 이러한 확신이 반영되어 있습니다.

우리는 또한 깨끗한 마음으로 하나님께 나아가야 합니다. 우리는 용서가 필요한 죄인이라는 것을 압니다. 우리가 기도로 죄를 고백하는 이유입니다. 시편 기자는 "내가 나의 마음에 죄악을 품었더라면 주께서 듣지 아니하시리라"(시 66:18)라고 말합니다.

수년 동안 ACTS라는 약어를 기도 지침으로 사용하는 것이 유행해왔습니다. 우리는 먼저 하나님을 경외하고adore 찬양합니다. 기도를 시작하면서 예배로 들어갑니다. 그런 다음 순수한 마음으로 하나님께 나아갈 수 있도록 우리 죄를 고백합니다confess. 다음 기도의 행위는 감사입니다thanksgiving. 우리는 기도 시간의 상당 부분을 하나님이 어떤 분이시고 어떤 일을 하셨는지 감사하는 데 보냅니다. 또한, 기도에 응답해주신 것에 대해서도 감사합니다. 마지막으로 간구하는supplication 시간으로 들어갑니다. 다른 사람과 자신을 위한 구체적인 필요를 하나님께 구합니다.

그러나 기도 교리에 있어서는 Cconfess가 우선되어야 한다는 것이 저의 이해입니다. 우리는 죄를 고백하여 마음이 경배와 감사, 간구를 위해 순수해질 수 있도록 해야 합니다. 요한일서 1장 9절의 약속도 확인합니다. "만일 우리가 우리 죄를 자백하면 그는 미쁘시고 의로우사 우리 죄를 사하시며 우리를 모든 불의에서 깨끗하게 하실 것이요."

궁극적으로, 하나님은 하나님이시지만 우리는 그렇지 않기 때문에 완전한 겸손함으로 하나님께 다가갑니다. 그는 창조주이고 우리는 피조물입니다. "하나님이 교만한 자를 물리치시고 겸손한 자에게 은혜를 주신다"(약 4:6)라는 말씀처럼 우리는 교만하지 않고 온전히 겸손한 자세로 하나님께 다가가야 합니다.

사실, 우리가 온전히 겸손한 마음으로 하나님께 나아갈 때, 우리는 하나님께 가까이 나아갈 뿐만 아니라 그 겸손의 행위 자체가 마귀를 대적하기도 합니다. "그런즉 너희는 하나님께 복종할지어다 마귀를 대적하라 그리하면 너희를 피하리라"(약 4:7). 기도 교리는 삼위일체 교리와 교차합니다. 예를 들어, 하나님 아버지는 우리 기도를 들으십니다. 성자 하나님은 우리에게 기도하라고 가르치셨습니다. 그리고 성령 하나님께서는 우리를 위해 기도로 중보하십니다.

우리는 기도로 하나님께 전적으로 헌신하는 남자와 여자가 되어야 합니다. 그래야만 우리를 완전하고 조건 없이 사랑하시는 하나님과 이 놀라운 관계를 온전히 맺을 수 있습니다.

토론 질문

1 사도행전 2장 42절에서 모든 신자가 오로지 기도에 힘썼다는 것은 무엇을 의미합니까?

2 마태복음 7장 7절은 개인의 기도 생활과 어떤 관련이 있습니까?

3 기도에서 죄 고백이 중요한 이유는 무엇인가요?

07장

나는 천사, 악마, 사탄이 존재한다는 것을 믿습니다

　각 장의 시작을 "나는 믿습니다"로 시작하면 해당 글의 주제를 옹호하고 있다고 여길 수 있습니다. 다른 모든 장에서는 그렇긴 합니다. 그러나 이 장에서 제가 귀신과 사탄에 대해 "믿는다"라고 할 때는 단순히 그들의 실체를 '인정한다'는 뜻입니다. 사실, 이러한 존재가 있음을 믿는 것이 무척 중요합니다. 그리고 성경적 관점에서 그들을 이해하는 것도 마찬가지로 중요합니다.

　양극단은 피해야 합니다. 즉, 한편으로 천사, 악마, 사탄의 개념을 성경적 실체를 훨씬 뛰어넘어 확장하려는 시도입니다. 문화적 영향과 성경 문맹이 결합되면 확실히 많은 사람을 잘못된 길로 이끕니다. 그리스도인을 포함한 많은 사람이 보이지 않는 존재를 그 이상으로 바라봅니다.

반면에 우리는 그들의 실체를 무시하기도 합니다. 이 초자연적 존재들은 실제로 존재합니다. 그들은 실제로 힘을 갖고 있습니다. 그들은 오늘날 세상에서 실제로 일하고 있습니다. 악마와 사탄의 존재를 믿지 않는다면 우리는 그들에게 저항할 수 없습니다.

—— 천사들에 관한 진실

천사에 대해 이야기할 때, 천사가 어떻게 인간과 관련되어 있는지에 관해 많이들 혼란을 겪습니다. 인간이 죽으면 천사가 되고, "천사의 날개"를 얻는다고 믿는 사람이 많습니다. 이러한 믿음은 천사에 관한 성경의 가르침과 일치하지 않습니다.

천사는 하나님이 창조한 독특한 존재입니다. 그들은 영적인 피조물입니다. 그들은 인간과 같은 육체를 가지고 있지 않습니다. 천사는 독특한 힘을 가진 고도로 지적인 존재입니다. 성경에서 천사는 "당돌하고 자긍하며 떨지 않고 영광 있는" 자들보다 "더 큰 힘과 능력을 가진" 존재로 묘사됩니다(벧후 2:10-11). 천사는 대부분 눈에 보이지 않지만, 성경을 보면 하나님께서 천사를 볼 수 있도록 허락하신 때가 있습니다.

천사의 역할은 무엇인가요? 이번 장의 악마에 대한 논의에서 볼 수 있듯 천사는 악마와 사탄과의 영적 전쟁에 관여합니다. 아람 왕이 엘리사를 잡으러 군대를 보냈을 때, 거대한 군대가 나타났습니다. 선지자를 잡을 준비를 마친 상태였습니다. 엘리사의 시종은 "큰일이 났습니다. 선생님, 어떻게 하면 좋습니까?"라며 당황해했습니다(왕하 6:15 참고).

엘리사는 하나님의 천사들이 전투를 위해 그곳에 있다는 것을 알고 있었지만, 시종도 천사들을 보길 원했습니다. 그는 종에게 "두려워하지 말라 우리와 함께한 자가 그들과 함께한 자보다 많으니라"라고 말했습니다(왕하 6:16). 일반적으로 천사는 눈에 보이지 않지만 엘리사는 하인이 산비탈에 있는 군대를 볼 수 있기를 기도했습니다. "기도하여 이르되 여호와여 원하건대 그의 눈을 열어서 보게 하옵소서 하니 여호와께서 그 청년의 눈을 여시매 그가 보니 불말과 불병거가 산에 가득하여 엘리사를 둘렀더라"(왕하 6:17).

천사들도 하나님을 찬양하고 경배하도록 창조되었습니다. 하나님을 경배하는 천사들에 관한 기록은 요한계시록에서 특히 자세하고 강력합니다. "네 생물은 각각 여섯 날개를 가졌고 그 안과 주위에는 눈들이 가득하더라 그들이 밤낮 쉬지 않고 이르기를 거룩하다 거룩하다 거룩하다 주 하나님 곧 전능하신 이여 전에도 계셨고 이제도 계시고 장차 오실 이시라 하고"(계 4:8).

천사라는 단어의 어원이 된 헬라어 아겔로스*Aggelos*는 단순히 "메신저"라는 뜻입니다. 그리고 이것은 천사의 또 다른 역할을 설명합니다. 천사는 인간에게 메시지를 전달하기 위해 하나님께 보냄을 받았습니다. 그 메시지 중 일부는 예수님이 세상에 오셨다는 것과 같은 중요한 발표였습니다. 하나님이 보낸 천사 가브리엘이

마리아에게 그리스도를 잉태하게 될 것을 알려주었습니다.

> 천사가 이르되 마리아여 무서워하지 말라 네가 하나님께 은혜를 입었느니라 보라 네가 잉태하여 아들을 낳으리니 그 이름을 예수라 하라 그가 큰 자가 되고 지극히 높으신 이의 아들이라 일컬어질 것이요 주 하나님께서 그 조상 다윗의 왕위를 그에게 주시리니 영원히 야곱의 집을 왕으로 다스리실 것이며 그 나라가 무궁하리라. 누가복음 1:30-33

하나님은 또한 인간을 보호하기 위해 천사를 창조하셨습니다. "그가 너를 위하여 그의 천사들을 명령하사 네 모든 길에서 너를 지키게 하심이라"(시 91:11). 히브리서 1장 14절도 "모든 천사들은 섬기는 영으로서 구원받을 상속자들을 위하여 섬기라고 보내심"이라고 상기합니다.

천사들 사이에는 위계질서가 있는 듯합니다. 유다서 1장 9절에서 미가엘은 "천사장"으로 언급되며, 영적 전쟁에서 다른 천사들을 이끕니다. "하늘에 전쟁이 있으니 미가엘과 그의 사자들이 용과 더불어 싸울새 용과 그의 사자들도 싸우나"(계 12:7). 용은 구체적으로 사탄을 의미하므로(계 12:9), 미가엘은 악마라고도 불리는 타락한 천사들의 지도자와 벌인 전쟁을 이끌었던 것입니다.

천사 서열을 명시적으로 설명하려는 다양한 시도가 있었습니다. 성경에 90번 이상 언급된 그룹(케루빔, cherubim)과 이사야 6장에만 언급된 스랍(세라핌, seraphim)이 계층 구조에 포함되는 경우가 많습니다. 그러나 성경은 천사 계급에 대한 자세한 내용을 제공하지 않으며, 그런 시도는 추측으로 끝날 뿐입니다.

—— 악마들에 관한 진실

오늘날 많은 그리스도인은 악마에 대한 관점을 영화나 책에서 주로 얻습니다. 실제로 지난 수십 년 동안 악마를 소재로 한 장르가 등장했습니다. 한편으로, 악마의 실존을 올바르게 묘사하는 매체가 있지만, 일부 묘사는 완전히 비성경적입니다.

　　악마는 신에게 죄를 지은 타락한 천사입니다. 악마는 악하며 오늘날 세상에서 악을 영속화하려고 도전합니다. 위에서 언급했듯 악마는 천사라고도 불리지만, 항상 '타락한' 천사임을 분명히 하는 문맥에서 사용됩니다(요한계시록 12장 7절의 "용과 그의 천사들").

　　일부 사람들은 타락한 천사들이 반역한 정확한 역사적 시점을 추측하곤 하지만, 성경은 그 구체적인 시점을 제시하지 않습니다. 그러나 타락한 천사들이 이미 하나님의 심판을 받았다는 것은 알고 있습니다. "하나님이 범죄한 천사들을 용서하지 아니하시고 지옥에 던져 어두운 구덩이에 두어 심판 때까지 지키게 하셨으며"(벧후 2:4). 그들의 타락은 하나님이 주시지 않은 힘과 권위를 추구한 결과였습니다. "또 자기 지위를 지키지 아니하고 자기 처소를 떠난 천사들을 큰 날의 심판까지 영원한 결박으로 흑암에 가두셨으며"
(유 1:6).

마귀들의 포로 상태에 대한 이 생생한 묘사는 예언에 기초한
것일 가능성이 높습니다. 즉, 마귀들의 미래 상태를 현재 사건으로
묘사한 것입니다. 성경은 오늘날에도 악마가 세상에서 활동하고
있음을 분명히 보여줍니다.

그렇다면 귀신들은 어떤 일을 할까요? 귀신은 사람을 사로잡
아 신체적, 영적 해를 끼칠 수 있습니다. 마가복음 5장 1-20절에
나오는 많은 귀신("군단")이 들린 사람 이야기가 대표적입니다. 성
경 전체에서 귀신은 사람들에게 해를 끼치고 타락하게 합니다.

사탄과 그의 악귀들은 무엇보다도 사람들이 예수 그리스도
의 기쁜 소식을 듣지 못하게 합니다. "그중에 이 세상의 신이 믿
지 아니하는 자들의 마음을 혼미하게 하여 그리스도의 영광의 복
음의 광채가 비치지 못하게 함이니 그리스도는 하나님의 형상이
니라"(고후 4:4). 귀신들은 끊임없이 사람들을 속이고 있습니다(고후
11:14). 악마는 악을 선하게 보이게 하고 사람들을 유혹합니다. 하
나님의 백성조차도 악을 행할 수 있습니다.

하나님의 교회와 성도에 대한 가장 큰 위험 중 하나는 거짓 교
리를 가르치는 것입니다. 따라서 사탄과 그의 악마들은 우리를 성
경 진리에서 멀어지게 하고 우리와 교회, 세상에 해를 끼칠 거짓
믿음에 마음을 기울이게 합니다. 바울은 "성령이 밝히 말씀하시기
를 후일에 어떤 사람들이 믿음에서 떠나 미혹하는 영과 귀신의 가

르침을 따르리라 하셨으니"(딤전 4:1)라고 기록합니다.

사탄과 그의 악귀들은 그리스도인을 대적하고 반복적으로 괴롭힙니다. 바울은 육체의 가시에 대해 말할 때 "내 육체에 가시 곧 사탄의 사자를 주셨으니 이는 나를 쳐서 너무 자만하지 않게 하려 하심이라"라고 묘사했습니다(고후 12:7).

악마는 분명 강력하지만, 하나님에 의해 제한을 받습니다. 그들은 확실히 하나님의 권세를 갖고 있지 않습니다. 악마는 전능(모든 힘을 가진 존재)하거나, 전지(모든 것을 아는 존재), 편재(한 번에 모든 곳에 존재할 수 있는 능력)하지 않습니다. 우리는 악마를 물리칠 수 있고 물리쳐야 합니다. 우리는 마귀를 대적하고 모든 면에서 승리할 수 있도록 하나님의 전신갑주를 입어야 합니다(엡 6:10-17). 여러분이 갑옷을 입으면 "악의 때에 적을 대적할 수 있을 것입니다. 그러면 전투가 끝난 후에도 여러분은 여전히 굳건히 서 있을 것입니다"(엡 6:13 참고).

—— 사탄에 관한 진실

사탄은 악마들의 지도자입니다. 악마의 활동에 대한 설명도 그에게서 시작합니다. 성경에서 사탄을 식별하는 데 사용되는 이름이 그 사실을 말해줍니다. 그는 "악한 자"(마 13:19), "공중의 권세 잡은 자"(엡 2:2), "바알세불"(마 10:25) 그리고 물론 "마귀"(마 4:1)로도 불립니다. 아마도 그의 활동을 가장 잘 설명하는 이름은 "원수"(눅 10:19)일 것입니다. 사탄은 하나님의 원수이며 하나님 뜻에 철저히 반대합니다. 결과적으로 그는 우리의 적입니다. 신자들은 세상에 복음을 전하고 변화를 일으키라는 지상 명령을 받았습니다. 우리가 이 명령에 순종할 때 사탄은 매번 우리를 반대할 것입니다.

그러나 귀신에 관해 위에서 언급했듯 사탄의 계략에 굴복할 필요는 없습니다. 누가복음 10장 19절에서 예수님은 "내가 너희에게 뱀과 전갈을 밟으며 원수의 모든 능력을 제어할 권능을 주었으니 너희를 해칠 자가 결코 없으리라"라고 말씀하십니다. 이 말씀은 포괄적으로 적용됩니다. 우리는 사탄의 모든 능력에 대해 권세를 가진다는 의미입니다.

앞서 언급한 대로 하나님의 전신갑주를 입어야 하는 이유가 바로 여기 있습니다. 전신갑주를 입으려면 성경을 읽고("성령의 검 곧 하나님 말씀을 가지라"[엡 6:17]) 기도하는 시간을 확보해야 합니다. 실제로 바울은 전신갑주에 대한 설명을 기도에 대한 간구로 마무리합니다. "모든 기도와 간구를 하되 항상 성령 안에서 기도하고 이를 위하여 깨어 구하기를 항상 힘쓰며 여러 성도를 위하여 구하라"(엡 6:18).

천사는 실재하고, 악마라고 불리는 타락한 천사도 실재하며, 사탄이라고 불리는 우두머리 악마도 분명 존재합니다. 그러나 신자는 귀신을 두려워할 필요가 없고, 귀신에 대해 패배주의적인 태도를 가져서도 안 된다고 성경은 가르칩니다. 우리가 마귀를 대적할 수 없다면 마귀를 대적하여 굳게 서라는 말도 듣지 못할 것입니다(벧전 5:9).

신자들 안에는 성령이 살아 계십니다. 적을 저항하고 물리치는 데 성령이 우리 편이 되어 모든 것을 하십니다. 사도 요한이 상기시켜주듯, "자녀들아 너희는 하나님께 속하였고 또 그들을 이기었나니 이는 너희 안에 계신 이가 세상에 있는 자보다 크심이라"(요일 4:4).

신자로서 우리는 다가오는 전투에 맞서 싸우는 데 필요한 모든 것을 가지고 있으며, 그리스도께서 전쟁에서 승리하시리라는 것은 이미 결정되었습니다. "또 내가 보매 천사가 무저갱의 열쇠와 큰 쇠사슬을 그의 손에 가지고 하늘로부터 내려와서 용을 잡으니 곧 옛 뱀이요 마귀요 사탄이라 잡아서 천년 동안 결박하여"(계 20:1-2).

우리가 '천년왕국'이라고 부르는 천년에 대해서는 다양한 견해가 있습니다. 따라서 사탄이 천년 동안 묶여 있다는 생각은 각 관점마다 세부 내용이 조금씩 다릅니다. 그러나 모든 견해에서 사탄의 패배는 영구적이라는 확신을 가질 수 있습니다.

요한계시록은 사탄과 그의 악마들의 패배를 기록하고 있으며, 또한 그리스도가 승리하셨다는 기쁨을 분명히 보여줍니다. 수백만의 천사들이 함께 경배하며 "죽임을 당하신 어린 양은 능력과 부와 지혜와 힘과 존귀와 영광과 찬송을 받으시기에 합당하도다 … 찬송과 영광과 지혜와 감사와 존귀와 권능과 힘이 우리 하나님께 세세토록 있을지어다"(계 5:12, 7:12)라고 찬사를 보냅니다.

그리스도는 승리하셨습니다. 그리고 그분의 능력 안에서 우리도 승리하고 있습니다.

"내가 확신하노니 사망이나 생명이나 천사들이나 권세자들이나 현재 일이나 장래 일이나 능력이나 높음이나 깊음이나 다른 어떤 피조물이라도 우리를 우리 주 그리스도 예수 안에 있는 하나님의 사랑에서 끊을 수 없으리라"(롬 8:38-39).

토론 질문

1 천사와 악마라는 보이지 않는 실체를 인식하는 것이 왜 이렇게 중요한가요?

2 오늘날 세상에 존재하는 악마들의 행동 중 몇 가지를 말해보세요. 악마가 여러분에게 어떤 영향을 미칠 수 있나요?

3 영적 전쟁에서 승리하기 위해 신자로서 취할 수 있는 행동에는 어떤 것이 있나요?

08장

✦

나는 예수님이 우리 죄를 위해
죽으셨다고 믿습니다

몇 년 전, 저는 제가 담임목사로 섬기던 교회의 성도였던 한 의사와 깊은 대화를 나누고 있었습니다. 짐은 몇 달 동안 십자가 처형과 관련된 신체적, 의학적 문제를 조사했습니다. 그는 자신이 이 연구를 최초로 진행한 것은 아님을 알았지만, 그 사실을 직접 확인하고 싶어 했습니다.

그는 저를 점심 식사에 초대하여 자신이 발견한 몇 가지를 나누었습니다. 저는 그가 십자가의 육체적 고통에 대해 자세히 설명해줄 것이라고 충분히 예상할 수 있었습니다. 짐은 뛰어난 의사였기 때문에 예수님이 십자가에 못 박히셨을 당시의 의학적 세부 사항도 들을 수 있으리라 기대했습니다. 물론 제 기대는 충족되었지만 대화가 진행되는 방향이 저를 무척 놀라게 했습니다.

그가 정확히 어떤 단어를 사용했는지는 기억나지 않지만, 식사 도중에 포크를 내려놓고 감정이 북받쳐 말하던 짐의 모습이 기억에 남습니다.

"톰, 저는 예수님의 십자가 처형에 관한 모든 과학적, 의학적 세부 정보를 얻을 수 있기를 기대하며 이 여정을 시작했습니다"라고 그는 말문을 열었습니다. "하지만 이 작업은 제가 예상하지 못했던 일을 해냈습니다."

저는 짐이 평정심을 되찾을 때까지 기다렸습니다.

"십자가를 조사하면서 예수님이 겪으신 고통이 어느 정도인지 확실히 확인했습니다. 그래서 그분의 죽음과 관련된 의학적 진실에 대해 더 나은 관점을 갖게 되었고요. 하지만 그런 의학적 관점에 기초해 더 많이 연구할수록 예수님이 저를 위해 무엇을 하셨는지 더 많이 깨닫게 되었습니다. 그것은 단지 고통스러운 죽음이 아니었습니다. 톰, 그분의 고통만이 아니었습니다. 그분은 저를 위해 죽으신 것입니다. 그분은 저를 위해 사형을 당하셨습니다. 제가 용서받고 영생을 얻을 수 있도록 제가 마땅히 받아야 할 형벌을 대신 받으셨습니다."

저는 짐의 감정에 공감했습니다. 예수님이 자신을 위해 행하신 일을 그가 얼마나 깊이 받아들이는지를 보았습니다. 저도 십자가에 대해 기도하는 마음으로 더 공부할 필요를 느낄 정도였습니다. 어쩌면 저는 예수님의 십자가 능력을 온전히 이해하지 못한 상태인지도 모릅니다.

—— 영원한 삶을 위해 주님이 버리신 것

성경에서 가장 인기 있는 구절은 무엇인가요? 아마 답을 알고 계실 것입니다. 대부분의 연구에 따르면 요한복음 3장 16절은 여전히 가장 많이 읽히고 가장 인기 있는 구절입니다.[3] 예수님은 니고데모와의 대화에서 "하나님이 세상을 이처럼 사랑하사 독생자를 주셨으니 이는 그를 믿는 자마다 멸망하지 않고 영생을 얻게 하려 하심이라"라고 말씀하셨습니다.

이 구절은 놀랍도록 풍부한 의미로 가득 차 있습니다. 이 구절은 하나님께서 우리에게 사랑을 보여주신 주된 방법을 설명하는 것으로 시작됩니다. 이 구절은 하나님이 아들을 주셨다는 것을 강력하게 보여줍니다. 그분은 아들 예수님을 이 땅에서 살아가게 하시고 우리 죄를 위해 죽게 하려고 인류에게 주셨습니다. 이 아들의 삶과 죽음은 영생으로 가는 확실한 관문입니다. 이 구절이 인기 있는 것은 당연합니다.

사도 바울은 십자가의 필요성에 대해 분명하게 말했습니다. "이 예수를 하나님이 그의 피로써 믿음으로 말미암는 화목제물로 세우셨으니 이는 하나님께서 길이 참으시는 중에 전에 지은 죄를 간과하심으로 자기의 의로우심을 나타내려 하심이니"(롬 3:25). 죄는 벌을 요구합니다. "죄의 삯은 사망"(롬 6:23)입니다. 우리는 죄로 인해 죽어 마땅하지만 하나님은 우리를 대신해 예수님을 보내셨습니다. 그분은 희생을 치르셨습니다. 그분은 피를 흘리셨습니다.

이러한 자기희생의 행위를 속죄라고 합니다. 이는 예수께서 죄의 대가를 지불하셨음을 의미합니다. 로마서 6장 23절 전체를 볼까요? "죄의 삯은 사망이요 하나님의 은사는 그리스도 예수 우리 주 안에 있는 영생이니라." 하나님께서는 우리가 마땅히 받아야 할 형벌을 그리스도를 통해 용서하실 뿐만 아니라 우리에게 영원한 삶을 주셨습니다. 우리는 죄 없는 모습으로 하나님 앞에 설 수 있습니다. 이것이 로마서 3장 25절에서 우리가 "하나님과 함께 의롭다 하심을 받았다"라고 말하는 이유입니다.

—— 십자가에 달려 돌아가신 죽음의 본질

요한복음 3장 16절은 "[예수]를 믿는 자마다 멸망하지 않고 영생을 얻으리라"라는 말씀을 다시 한번 상기하게 합니다. 그리스도를 신뢰하고 십자가에서 순종적으로 희생하신 그분의 행위를 믿는 순간 우리는 죄를 용서받습니다.

그러나 우리는 모두 그리스도를 믿은 후에도 다시 죄를 짓습니다. 예수님 외에는 누구도 죄 없고 완벽한 삶을 살 수 없습니다. 그렇다면 그리스도를 계속해서 신뢰해야 우리 죄가 용서받고 죄 없는 "최신 상태"가 된다는 뜻인가요? 전혀 그렇지 않습니다.

그리스도께서는 완전한 삶, 죄 없는 삶을 사셨습니다. 이제 하나님께서는 우리를 대신하여 예수가 순종하신 그 공로를 계산하십니다. 이것은 우리가 과거와 현재의 죄를 용서받았음을 의미합니다. 그리고 그리스도의 의가 우리에게 있으므로 미래의 어떤 죄도 우리에게 불리하게 계산되지 않을 것입니다. "그런즉 한 범죄로 많은 사람이 정죄에 이른 것같이 한 의로운 행위로 말미암아 많은 사람이 의롭다 하심을 받아 생명에 이르렀느니라 한 사람이 순종하지 아니함으로 많은 사람이 죄인 된 것같이 한 사람이 순종하심으로 많은 사람이 의인이 되리라"(롬 5:18-19).

제 의사 친구가 지적했듯, 십자가에 달리신 그리스도는 극심한 고통과 함께 죽음을 맞이하셨습니다. 궁극적으로 십자가에 못 박힌 죽음은 질식에 의한 죽음이었습니다. 못 박히신 방식 때문에, 예수님은 십자가에 달려 숨을 쉬기 위해 다리로는 밀고 손으로는 끌어올려야 했습니다. 손과 발에 큰 못이 박힌 채로 말입니다. 숨 쉬려고 할 때마다 못이 팔과 발의 신경을 건드리고 온몸에 타는 듯한 고통을 주었습니다. 어느 순간 예수님은 더 이상 숨을 내쉴 수 없었습니다. 그는 그렇게 질식하여 죽었습니다.

십자가의 육체적 고통도 극심했지만, 영적 고통은 더 컸습니다. 그리스도께서는 세상 죄에 대한 하나님의 형벌을 받으셨습니다. "친히 나무에 달려 그 몸으로 우리 죄를 담당하셨으니 이는 우리로 죄에 대하여 죽고 의에 대하여 살게 하심이라 그가 채찍에 맞음으로 너희는 나음을 얻었나니"(벧전 2:24). 예수님은 십자가에서 완전히 버림받으셨습니다. 가장 가까운 제자들도 그를 버렸습니다. 그리고 그분이 우리 죄를 짊어지셨을 때, 하늘에 계신 아버지조차도 그분을 외면하셨습니다. 예수님은 "엘리 엘리 라마 사박다니 하시니 이는 곧 나의 하나님, 나의 하나님, 어찌하여 나를 버리셨나이까"(마 27:46)라고 외치셨습니다.

그리스도의 십자가 죽음을 대속죄라고도 하는데, 이는 예수님이 우리 죄를 대신 지고 십자가에서 죽으셨다는 의미입니다. 예수님은 죽은 자 가운데서 부활하셨을 때 "메시아가 영광에 들어가기 전에 이 모든 고난을 받아야 한다고 분명히 예언되지 않았습니까?"라고 묻기도 했습니다(눅 24:26 참고). 물론, 예수님의 질문은 수사학적인 질문이었습니다. 예수님은 십자가에서의 죽음이 하나님의 계획이었음을 분명히 설명하신 것입니다.

—— 구약성경은 궁극적인 희생을 예고합니다

구약성경은 지속해서, 일관되게 예수님을 가리킵니다. 사실 예수를 중심 주제로 본다면 구약성경을 훨씬 더 명확하게 이해할 수 있습니다.

구약성경의 동물 희생 제도도 그리스도를 가리킵니다. 이는 죄의 심각성을 강력하게 상기시킵니다. "죄의 삯은 사망"(롬 6:23)이므로 죄 때문에 생명을 희생해야 했습니다. 구약의 제사 제도에서는 죄를 지은 사람을 대신해 동물을 희생물로 사용했습니다. 동물은 결함과 흠이 없어야 합니다. 제물을 바치는 사람은 동물에 안수

함으로써 동물과 자신을 동일시해야 했습니다. 그리고 제물 바치는 사람은 동물의 생명을 빼앗아 그 피를 흘려야 했습니다. 한마디로 동물은 사람들의 죄를 위한 몸값이었습니다.

동물 희생은 그리스도의 십자가 죽음을 분명하게 예표했습니다. 그분은 완벽하고 죄가 없으셨으며 흠이 없으셨습니다. 그분은 구약의 제사 동물이 그랬듯이 죄인을 대신하여 죽으셨습니다. 그분은 용서가 필요한 죄인인 우리와 동일시되셨습니다. 그분은 피를 흘리셨고 목숨을 빼앗기셨습니다. 히브리서 10장 1절은 "율법은 장차 올 좋은 일의 그림자일 뿐이요 참 형상이 아니므로 해마다 늘 드리는 같은 제사로는 나아오는 자들을 언제나 온전하게 할 수 없[었다]"라고 증언합니다.

히브리서 기자는 동물 희생과 예수님의 희생을 비교하면서 "하물며 영원하신 성령으로 말미암아 흠 없는 자기를 하나님께 드린 그리스도의 피가 어찌 너희 양심을 죽은 행실에서 깨끗하게 하고 살아 계신 하나님을 섬기게 하지 못하겠느냐"(히 9:14)라고 호소합니다.

구약의 반복적인 동물 희생 제사는 그리스도께서 단번에 희생 제물이 되셨기 때문에 이제는 더 이상 필요하지 않습니다. 히브리서 기자는 이를 다시 한번 명확하게 요약합니다.

한번 죽는 것은 사람에게 정해진 것이요 그 후에는 심판이 있으리니 이와 같이 그리스도도 많은 사람의 죄를 담당하시려고 단번에 드리신 바 되셨고 구원에 이르게 하기 위하여 죄와 상관없이 자기를 바라는 자들에게 두 번째 나타나시리라. 히브리서 9:27-28

세례 요한은 "예수께서 자기에게 나아오심을 보고 이르되 보라 세상 죄를 지고 가는 하나님의 어린양이로다"(요 1:29)라고 외쳤습니다. 요한은 예수님이 최종적인 희생제물임을 알았기 때문에 그를 "어린양"으로 부릅니다. 그리스도는 구약 제사 제도의 완전한 완성이자 앞으로 치러야 할 마지막 희생제물입니다.

── 예수님이 십자가에서 죽으신 결과

제 의사 친구 짐은 예수님의 십자가 죽음에 대한 그림을 더욱 선명하게 붙잡았습니다. 예수님이 자신과 그리스도를 믿는 모든 사람을 위해 겪으신 육체적, 영적 고통이 그에게 더욱 생생하게 보이기 시작했습니다. 십자가는 지극히 개인적인 희생이었기 때문에 그에게도 지극히 개인적인 것이 되었습니다.

히브리서 기자는 말했습니다. "율법을 따라 거의 모든 물건이 피로써 정결하게 되나니 피 흘림이 없은즉 사함이 없느니라"(히 9:22). 예수님은 마지막 희생제물로서 자기 피를 흘리셨습니다. 그 피 덕분에 궁극적인 희생이 이루어졌고 우리는 용서를 받게 되었습니다.

그렇다면 예수님의 십자가 죽음이 중요할 뿐만 아니라 꼭 필요한 이유를 알 수 있을까요? 그분이 피를 흘리셨기 때문에 그분을 믿는 자들이 자기 죄를 용서받을 수 있다고 확신할 수 있습니다. 그리고 죄를 용서받은 우리는 담대하게 하나님 앞에 나아갈 수 있습니다. 바울은 "그가 우리를 흑암의 권세에서 건져내사 그의 사랑의 아들의 나라로 옮기셨으니 그 아들 안에서 우리가 속량 곧 죄 사함을 얻었도다"(골 1:13-14)라고 썼습니다.

── 우리의 승리

앞서 비그리스도인인 저의 헤어 스타일리스트에 대해 언급했습니다. 그녀는 자신이 용서받을 수 있을지 몰라 믿는 데 어려움을 겪고 있습니다. 예수님을 받아들이는 데 그것이 가장 큰 걸림돌이었습니다. 머리를 자를 때마다 나는 예수님이 십자가에서 하신 일과 그분이 왜 십자가에서 돌아가셨는지에 대해 많이 이야기합니다. 그리하여 안개는 점차 걷히는 것 같습니다.

여러분과 저를 포함한 다른 모든 사람과 마찬가지로 그녀는 구원받을 자격이 없지만 그리스도의 십자가 죽음으로 구원받을 수 있습니다. 그녀는 용서받을 수 있습니다. 영생의 선물을 받을 수 있습니다.

십자가는 끔찍한 죽음의 그림입니다. 그러나 그곳에서 성취된 것을 믿는 우리에게는 기쁨을 주는 승리의 그림이 될 수 있습니다. "사망이 쏘는 것은 죄요 죄의 권능은 율법이라 우리 주 예수 그리스도로 말미암아 우리에게 승리를 주시는 하나님께 감사하노니" (고전 15:56-57).

토론 질문

1 요한복음 3장 16절이 왜 그렇게 인기 있는 구절일까요? 이 구절은 예수님의 십자가 죽음과 어떤 관련이 있을까요?

2 죄를 대속한다고 하는 의미를 자신의 언어로 설명하세요.

3 구약성경은 예수님의 십자가 죽음을 어떻게 예고했나요?

09장

나는 부활과 승천을 믿습니다

예수 그리스도의 부활은 성경과 우리 신앙의 핵심입니다. 사도 바울이 말했듯 "그리스도께서 다시 살아나신 일이 없으면 너희의 믿음도 헛되고 너희가 여전히 죄 가운데 있을 것이요 또한 그리스도 안에서 잠자는 자도 망하였으리니 만일 그리스도 안에서 우리가 바라는 것이 다만 이 세상의 삶뿐이면 모든 사람 가운데 우리가 더욱 불쌍한 자"(고전 15:17~19)입니다.

부활이 없다면 우리 믿음은 쓸모가 없습니다. 부활이 없으면 우리 죄는 용서받지 못합니다. 부활이 없으면 우리는 길을 잃습니다. 부활이 없으면 우리는 하늘에서 그리스도와 함께하지 못할 것입니다. 하지만 행복하게도, 바울은 이렇게 결론을 내립니다. "그러나 이제 그리스도께서 죽은 자 가운데서 다시 살아나사 잠자는 자들의 첫 열매가 되셨도다"(고전 15:20).

—— 부활의 중심성

베드로는 첫 편지에서 인사말을 한 후 다음과 같은 선언으로 부활의 중심을 짚어줍니다. "우리 주 예수 그리스도의 아버지 하나님을 찬송하리로다 그의 많으신 긍휼대로 예수 그리스도를 죽은 자 가운데서 부활하게 하심으로 말미암아 우리를 거듭나게 하사 산 소망이 있게 하시며"(벧전 1:3).

한 구절에서 베드로는 부활을 우리 삶에 대한 하나님의 자비, 우리의 구원, 그리스도를 다시 볼 수 있다는 기대와 연결합니다. 교회가 이 서신을 받았을 1세기 당시에는 예수님이 십자가에서 죽으셨다가 사흘 만에 부활하셨다는 사실이 널리 알려져 있었습니다. 부활은 1세기 그리스도인과 교회의 중심축이었습니다.

베드로는 부활의 역할에 대해 "썩지 않고 더럽지 않고 쇠하지 아니하는 유업을 잇게 하시나니 곧 너희를 위하여 하늘에 간직하신 것"임을 강조합니다. 그리고 "너희는 말세에 나타내기로 예비하신 구원을 얻기 위하여 믿음으로 말미암아 하나님의 능력으로 보호하심을 받[고 있음]"(벧전 1:4-5)을 기억하게 합니다. 부활의 능력은 믿음을 가진 모든 사람에게 즉각 나타나며, 그 능력은 우리가 그리스도를 직접 대면할 때까지 우리를 지켜줄 것입니다. 그 순간,

우리의 불결하고 더럽혀진 몸은 깨끗하고 더럽혀지지 않은 몸으로 바뀔 것입니다.

간단히 말해, 부활은 믿는 자인 우리를 구원하고, 지키며, 영원히 완전한 몸을 주시기 위한 것입니다. 우리의 부활한 몸은 나사로처럼 자연적인 몸으로 죽었다가 살아난 사람의 몸과는 많이 다를 것입니다. 완전했던 예수님의 부활하신 몸을 참고할 수 있습니다. 제자들은 "죽은 자 가운데서 부활하신 후 그를 모시고 음식을 먹은 우리에게"(행 10:41) 자신의 몸을 보이셨다고 증거합니다. 누가는 "그들과 함께 음식 잡수실 때에 떡을 가지사 축사하시고 떼어 그들에게 주[셨다]"(눅 24:30)라고 말합니다. 도마는 예수님의 손에 있는 못 자국과 옆구리에 뚫린 곳을 보고 싶다고 했습니다. 예수님은 그에게 "네 손을 내밀어 내 옆구리에 넣어 보라 그리하여 믿음 없는 자가 되지 말고 믿는 자가 되라"(요 20:27)라고 하십니다.

부활은 현실입니다. 예수님은 "내 손과 발을 보고 나인 줄 알라 또 나를 만져 보라 영은 살과 뼈가 없으되 너희 보는 바와 같이 나는 있느니라"(눅 24:39)라고 전하십니다.

사복음서에는 모두 예수님의 부활이 기록되어 있습니다. 다시 한번 강조하지만, 부활은 성경과 우리 신앙 전반, 특히 각 복음서 기록의 핵심부를 이룹니다. 마태복음은 부활하신 예수님을 간략하게 소개하지만, 빈 무덤에 더 많은 관심을 집중합니다. 막달라 마리아와 다른 마리아가 예수님의 무덤을 찾아갔을 때, 그들은 무덤 입구에서 바위가 굴러 내려온 것을 보고 놀랐습니다. 천사가 그들에게 말했습니다. "너희는 무서워하지 말라 십자가에 못 박히신 예수를 너희가 찾는 줄을 내가 아노라 그가 여기 계시지 않고 그가 말씀하시던 대로 살아나셨느니라 와서 그가 누우셨던 곳을 보라" (마 28:5-6).

마가의 기록도 비슷하지만, 무덤으로 가는 길에 여인들이 예수님의 시신에 향유를 바르기 위해 돌을 어떻게 굴릴 수 있을지 논의했다고 덧붙입니다. 그들은 "누가 우리를 위하여 무덤 문에서 돌을 굴려주리요"(막 16:3)라고 물었습니다.

누가는 부활에 대해 총 53절에 달하는 훨씬 긴 기록을 남겼습니다(눅 24:1-53). 누가는 섬세한 안목을 가진 역사가입니다. 그의 복음은 부활하신 예수님이 하신 말씀을 많이 포함합니다. 누가는 그리스도의 말씀을 통해 부활의 중요성과 타당성을 더욱 강조합니다. 또한 사도행전 1장 9-11절에서 예수님의 승천으로 주님의 지상 사역을 마무리합니다.

요한의 부활 보도에는 부활하신 예수님이 그를 따르던 여인들 및 제자들과 어떻게 교류했는지 의미심장한 세부 사항(요한복음 20-21장)도 포함되어 있습니다. 그러나 요한이 보인 관심의 초점은 베드로입니다. 요한복음에는 예수께서 자신을 진정으로 사랑하는지 베드로에게 세 번이나 묻는 가슴 아픈 대화가 담겨 있습니다.

이처럼 부활에 대한 기록이 없다면 사복음서 중 어느 것도 완전하지 않을 것입니다. 각 복음서 기자는 자신만의 독특한 관점을 가지고 이야기를 풀어가지만, 모두 부활이 확실히 일어났음을 단언합니다. 또한 부활로 자신의 이야기를 마무리합니다. 연대기적 관점에서는 이런 순서가 당연하겠지만, 부활은 그 이상입니다. 부활은 그리스도의 지상 생애에서 정점을 이룹니다. 그의 죽음과 부활은 기독교 신앙에서 빼놓을 수 없는 진리입니다.

—— 부활의 현재성

부활절 축하는 예수님이 살아 계심을 그리고 우리도 살 것임을 확인시켜줍니다. 예수님은 죽음을 물리치셨고, 그분의 희생에 따른 은혜는 그를 믿는 모든 사람이 누릴 수 있습니다. 바울은 "하나님이 주를 다시 살리셨고 또한 그의 권능으로 우리를 다시 살리시리라"(고전 6:14)라고 말했습니다. 하나님의 능력으로 아들을 죽은 자 가운데서 살리셨고, 같은 능력으로 우리를 죽은 자 가운데서 살리실 수 있다는 것은 분명한 진리입니다.

죄는 죽음입니다. 부활은 죄와 죽음을 모두 정복합니다. 바울은 우리에게 이렇게 환호합니다.

이 썩을 것이 썩지 아니함을 입고 이 죽을 것이 죽지 아니함을 입을 때에는 사망을 삼키고 이기리라고 기록된 말씀이 이루어지리라 사망아 너의 승리가 어디 있느냐 사망아 네가 쏘는 것이 어디 있느냐 사망이 쏘는 것은 죄요 죄의 권능은 율법이라 우리 주 예수 그리스

도로 말미암아 우리에게 승리를 주시는 하나님께 감사하노니. 고린
도전서 15:54-57

바울은 부활이 죄를 이겼다고 선언합니다.

만일 우리가 그리스도와 함께 죽었으면 또한 그와 함께 살 줄을 믿
노니 이는 그리스도께서 죽은 자 가운데서 살아나셨으매 다시 죽지
아니하시고 사망이 다시 그를 주장하지 못할 줄을 앎이로라 그가 죽
으심은 죄에 대하여 단번에 죽으심이요 그가 살아 계심은 하나님께
대하여 살아 계심이니 이와같이 너희도 너희 자신을 죄에 대하여는
죽은 자요 그리스도 예수 안에서 하나님께 대하여는 살아 있는 자로
여길지어다. 로마서 6:8-11

부활은 믿는 자에게서 죽음을 물리쳤습니다. 또한, 부활은 믿
는 자의 죄를 물리쳤습니다. 칭의는 하나님과의 관계가 올바르게
되는 것을 의미합니다. 죄로 인해 우리는 하나님과 분리되었습니
다. 그러나 십자가와 부활로 인해 우리는 온전히 의롭게 된 상태
로 하나님 앞에 나아갈 수 있게 되었습니다. "주 예수를 다시 살리
신 이가 예수와 함께 우리도 다시 살리사 너희와 함께 그 앞에 서
게 하실 줄을 아노라"(고후 4:14). 하나님 앞에 나아갈 때 그리스도
의 죽음과 부활로 우리는 그리스도의 모든 의를 갖게 될 것입니다.
부활은 우리가 하나님과 함께 바로 세워졌다는 최종 승인을 의미

합니다.

부활은 또한 언젠가 우리가 새로운 몸을 얻게 된다는 것을 의미합니다. 예수님의 부활하신 몸에 대해 읽으면서 그 몸이 어떤 모습일지 살짝 엿볼 수 있었습니다. 바울은 "죽은 자의 부활도 그와 같으니 썩을 것으로 심고 썩지 아니할 것으로 다시 살아나며"(고전 15:42)라고 말했습니다. 그리고 우리의 새 몸은 결코 죽지도 늙지도 않을 것이며, "이 썩을 것이 반드시 썩지 아니할 것을 입겠고 이 죽을 것이 죽지 아니함을"(고전 15:53) 입을 것입니다.

부활이 성도의 거듭난 삶에서 중심이 되는 것은 당연한 일 아닐까요? 예수님은 죽음에서 부활하셨을 때 세상 흐름을 영원히 바꾸셨습니다. 그리고 그분을 믿는 사람들에게 그 약속과 희망은 헤아릴 수 없을 만큼 큽니다. 저는 부활을 믿습니다.

—— 나는 승천을 믿습니다

어떤 학자들은 승천을 고유한 교리로 간주합니다. 다른 학자들은 승천을 부활의 연속이자 정점으로 봅니다. 마가는 자신만의 독특하고 간결한 문체로 승천을 간결하게 묘사합니다. "주 예수께서 말씀을 마치신 후에 하늘로 올려지사 하나님 우편에 앉으시니라"(막 16:19). 마가에게 승천은 부활하신 몸으로 지상에 계셨던 예수님의 시간을 끝낸 사건입니다. 승천은 부활을 완성했습니다. 승천은 예수님이 하늘로 올라가셔서 물리적으로 이 땅을 떠나셨다는 것을 의미합니다. 이 사건은 부활 후 40일째 되는 날에 일어났습니다.

다행히도 누가는 누가복음과 사도행전 두 권에서 승천에 대해 더 상세하게 기록했습니다. 누가복음의 기록은 마가와 마찬가지로 간략합니다. "축복하실 때에 그들을 떠나 [하늘로 올려지시니]"(24:51). 누가복음도 승천을 부활의 정점으로 봅니다.

사도행전에서 누가는 더 자세한 내용을 알려줍니다. 먼저, 그는 제자들에게 성령이 곧 임하실 것이라고 하신 예수의 말씀을 기록합니다. "오직 성령이 너희에게 임하시면 너희가 권능을 받고…". 이어서 예수님은 제자들에게 지상 명령을 수행하라는 명령을 남깁니다. "예루살렘과 온 유대와 사마리아와 땅끝까지 이르러 내 증인이 되리라 하시니라"(행 1:8).

누가는 승천이라는 기념비적인 사건을 통해 그리스도의 제자들이 성령의 강림을 준비할 수 있도록 돕습니다. 그리스도께서는 자신이 떠나면 성령이 오셔서 제자들을 가르치실 것이라고 이미 약속하셨습니다. "내가 떠나가는 것이 너희에게 유익이라 내가 떠나가지 아니하면 보혜사가 너희에게로 오시지 아니할 것이요 가면 내가 그를 너희에게로 보내리니"(요 16:7).

승천은 제자들에게 지상 사명을 완수하셨음을 알리신 순간이기도 했습니다. 그들은 전 세계에 복음의 기쁜 소식을 전하게 될 것입니다. 그리고 제자들이 사명을 수행할 준비가 되어 있지 않거나 수행할 수 없다고 생각하지 않도록 성령께서 항상 함께하실 것을 상기시키셨습니다.

누가는 또한 승천 후 몇 초 동안 그리스도를 따르는 추종자들이 그리스도를 모신 곳 위의 빈 공간을 응시하는 다소 유머러스한 장면을 묘사합니다. 두 천사("흰옷 입은 두 사람"[행 1:10])가 "너희 가운데서 하늘로 올려지신 이 예수는 하늘로 가심을 본 그대로" 다시 오시기 때문에 그만 쳐다보라고 말합니다(행 1:11).

여러 면에서 승천은 부활 이야기의 연장선에 있습니다. 다른 면에서 보면 승천은 고유 교리이며 성경에서 고유 위치를 차지합니다. 사도행전 1장 11절에 기록된 누가의 목격자 기록을 통해 우리는 승천을 그리스도 재림의 전조로도 볼 수 있습니다. 그분은 언젠가 떠났던 것과 같은 방식으로 실제로 다시 오실 것입니다. 우리는 모든 피조물과 함께 "하나님의 아들들이 나타나는 것"(롬 8:19)을 간절히 기다립니다. "볼지어다 그가 구름을 타고 오시리라 각 사람의 눈이 그를 보겠고 그를 찌른 자들도 볼 것이요 땅에 있는 모든 족속이 그로 말미암아 애곡하리니 그러하리라 아멘"(계 1:7).

토론 질문

1 예수님의 부활하신 몸은 오늘날 우리 몸과 어떻게 달랐을까요?

2 사복음서에서 부활을 바라보는 관점에는 어떤 차이가 있나요?

3 승천 후 예수님은 무엇을 하고 계실까요?

10장

나는 그리스도만이 유일한 구원의 길이라고 믿습니다

이 책을 집필하기 직전에 수년 동안 저를 위해 일한 어떤 남자와 대화를 나눴습니다. 앤드류는 정치 이야기로 대화를 시작했지만, 저는 부드럽게 다른 주제로 대화를 옮겼습니다. 우리 둘은 다소 민감하다고 생각할 수 있는 이야기도 어렵지 않게 나누었습니다. 서로에 대해 잘 알지는 못하지만 편안하게 대화할 수 있을 만큼 자주 대화를 나눴습니다.

최근 앤드류와의 대화에서 저는 신앙 이슈로 주제를 옮기기 시작했습니다. 그는 정중하게 대답했지만 대화를 더 진전시키지는 않았습니다. 하지만 이번에 제가 믿음에 관해 이야기하기 시작했을 때 제 말을 막지 않았습니다.

저는 대화 과정에서 그리스도인이 된다는 것이 무엇을 의미하는지에 대해 그가 충분히 알지 못하고 있다는 사실을 인지했습니다. 그는 자신을 개방적인 사람으로 여겼고, 제가 여기저기서 익숙하게 들었던 그 말을 했습니다. "하나님을 어떻게 믿는지에 관해 저는 각자의 견해를 존중합니다."

앤드류의 진술에는 큰 문제가 있습니다. 우리가 그들의 구원을 염려한다면, 예수님 외에 하나님께로 가는 다른 길이 있다고 믿는 것은 좋은 상황이 아니지요. 가장 큰 장애물은 "내가 곧 길이요 진리요 생명이니 나로 말미암지 않고는 아버지께로 올 자가 없느니라"라는 예수님 자신이 하신 말씀에서 비롯됩니다(요 14:6). 예수님도 이보다 더 명확하게 말씀하실 수 없었을 정도입니다. 예수님 외에 다른 것을 믿으면 하나님께로 갈 수 없습니다. 천국에 갈 수 없습니다.

사람들이 하나님을 어떻게 믿는지 살펴볼 수 있는 다섯 가지 방법이 있습니다. 가장 넓은 범위에서 가장 좁은 범위까지 함께 살펴봅시다.

무신론은 신이 존재하지 않는다는 믿음입니다. 무신론과 밀접한 관련이 있는 불가지론은 신 존재에 대한 불확실성을 표현합니다. 이 단어는 말 그대로 "모른다"라는 뜻입니다. 불가지론자들은 신이 존재하는지 잘 모르겠다고 하지만, 무신론자들은 신이 존재하지 '않는다'고 확실하게 말합니다. 어느 쪽이든 하나님의 존재와 그분께로 가는 길을 확증하지 못합니다.

보편구원론은 신 존재를 긍정하고 모든 사람이 어떤 식으로든

신에게 도달할 것이라고 믿습니다. "신은 모든 사람을 구원할 것이다"라고 표현되기도 합니다.

하나님께로 가는 길이 여러 갈래라고 믿는다면, 여러분은 다원주의 신념을 고수하는 것입니다. 보편구원론은 천국에 가기 위해 어떤 것도, 누구도 믿을 필요가 없다고 하지만, 다원주의는 무언가를 믿어야 한다고 말합니다. 무슬림, 그리스도인, 힌두교인 또는 다른 형태의 어떤 종교를 믿더라도 다원주의는 당신이 신에게로 가는 올바른 길에 있다고 말합니다.

포용주의는 미묘한 신념입니다. 포용주의는 그리스도만이 유일한 구원의 길임을 확언하지만 사람들은 "자기도 모르게" 그리스도께 나아갈 수도 있다고 말합니다. 예를 들어, 힌두교가 하나님께로 가는 길이라고 그가 믿는다면 예수님은 그 믿음을 그분을 신뢰하는 것으로 적절하게 받아주신다는 것입니다. 포용주의는 실제로 예수님의 이름만 섞은 다원주의의 한 형태입니다.

예수님과 성경은 배타주의를 가르칩니다. 예수님만이 유일한 구원의 길이며, 예수님에 대한 분명한 믿음을 가져야 합니다. 배타주의는 요한복음 14장 6절에서 그리스도께서 친히 가르치신 것입니다. 배타주의는 하나님께로 가는 모든 길 중에서 가장 좁은 길이며, 예수님이 가르치신 바로 그 길입니다. 예수님은 이렇게 말씀하셨지요. "좁은 문으로 들어가라 멸망으로 인도하는 문은 크고 그 길이 넓어 그리로 들어가는 자가 많고 생명으로 인도하는 문은 좁고 길이 협착하여 찾는 자가 적음이라"(마 7:13-14).

—— 믿음의 길이 좁아보이는 이유

예수님만이 유일한 구원의 길이라는 배타적 교리는 역사적으로 여러 저항을 받아왔습니다. 바리새인들은 예수님이 자신을 하나님이라고 주장하자 "돌을 들어 치려"(요 8:59) 했습니다. 예수님을 죽이려고 한 것입니다. 그들은 예수님이 하나님께로 가는 길이라는 말을 듣고 싶지 않았습니다. 그들의 신념에 맞지 않았고, 자기 기득권을 위협했기 때문입니다.

오늘날 배타성 교리는 종종 편협하고 편견으로 가득하다고 인식됩니다. 비평가들은 배타주의가 다른 사람을 배제하려는 일종의 배타적인 자들의 모임에 둘러싸여 있다고 가정합니다. 그러나 좁은 길은 예수님이 사람들을 배제한 결과가 아니라, 스스로 고립시킨 사람들에게 그렇게 보이는 것입니다. 요한복음 3장 16절은 "그[예수]를 믿는 자마다 멸망하지 않고 영생을 얻게" 된다고 분명히 말씀하고 있습니다. 이 제안에 따르면 모든 사람이 영생을 얻을 수 있습니다. 편협한 믿음은 아니지만 좁은 길이긴 합니다.

예수님은 자신을 찾는 자에게 응답하신다고 확언하셨습니다. "구하라 그리하면 너희에게 주실 것이요 찾으라 그리하면 찾아낼 것이요 문을 두드리라 그리하면 너희에게 열릴 것이니 구하는 이마다 받을 것이요 찾는 이는 찾아낼 것이요 두드리는 이에게는 열릴 것이니라"(마 7:7-8). 하나님은 구하는 모든 사람에게 구원을 주시지만, 자신이 정하신 조건에 따라 구원을 주십니다.

궁극적으로 배타적 복음은 초대 범위는 넓지만, 적용 범위는 좁습니다. 믿음으로 누구든지 그리스도를 영접할 수 있습니다. 그러나 그리스도는 단지 하나님께로 가는 길 중 하나가 아니라 하나님께로 가는 유일한 길입니다.

—— 왜 그리스도만이 유일한 길인가?

간단히 말해서, 그리스도는 하나님이십니다. 그분은 하나님이시기에 하나님께로 가는 유일한 길과 같습니다. 그리스도를 유일한 구원의 길로 확증하는 데는 적어도 다섯 가지 이유가 있습니다.

첫째, 그리스도는 오직 성령으로 잉태되셨고 동정녀에게서 태어나셨습니다. 그분의 잉태와 탄생은 모두 기적이었습니다. 예수님처럼 세상에 오신 분은 아무도 없습니다. 그분은 우리 죄를 위한 완벽한 희생제물이 되시기 위해 사람으로 오셔서 완벽한 삶을 사셨습니다.

둘째, 그리스도만이 온전한 인간이자 온전한 하나님이십니다. 3장에서 논의했듯 이는 이해하기 어려운 개념입니다. 하지만 예수님은 우리의 살아 있는 본보기입니다. 오직 그분만이 사람이면서 동시에 하나님이십니다.

셋째, 그리스도는 죄 없는 삶을 사셨습니다. 그분은 유혹에 직면했지만 굴복하지 않았습니다. 요한은 "그가 우리 죄를 없애려고 나타나신 것을 너희가 아나니 그에게는 죄가 없느니라"(요일 3:5)라고 상기시킵니다. 예수님 외에는 누구도 완전한 삶을 살지 못했습니다. 따라서 예수님만이 우리의 구세주가 되실 수 있습니다.

넷째, 예수님은 우리를 대신하여 십자가에서 죽으셨습니다. 그분의 죽음은 하나님께서 우리 죄를 용서하실 수 있는 유일한 방법이었습니다. 역사상 누구도 그런 희생을 치를 자격이 없었습니다. 완전한 사람이 하나님의 형벌을 받기 위한 완벽한 대속물이 되셨습니다. 하나님은 완전한 거룩이시기 때문에 그 거룩함을 훼손하면서 죄를 넘어갈 수는 없습니다. 그래서 우리 스스로는 결코 할 수 없는 일을 위해 예수님을 보내셨습니다. 예수님이 우리 죄를 없애주셨기 때문에 하나님은 그리스도인을 죄 없는 거룩한 자로 여기십니다.

다섯째, 예수님은 죽은 자 가운데서 부활하여 하늘로 승천하셨습니다. 오직 하나님만이 죽음을 이길 수 있는 능력이 있으며, 그분은 예수님을 죽음에서 살리심으로써 그 능력을 성취하셨습니다. 삼위일체의 한 분으로 예수님은 죽은 자 가운데서 부활하시고 곧 하늘로 올라가신 진정한 하나님이셨습니다.

결론은 간단하지만 강력합니다. 예수님은 자신이 하나님이심을 분명히 강조하셨습니다. 그는 하나님이실 뿐만 아니라 하나님께로 가는 유일한 구원의 길입니다. 그 누구도, 다른 어떤 신도, 다른 어떤 신념 체계도 예수님이 하신 일을 동일하게 주장하거나 행할 수 없습니다.

—— 유일한 구원의 길을 아는 사람이라면

배타성 교리에서 얻을 수 있는 가장 중요한 함의 중 하나는 우리에 대한 하나님의 사랑을 긍정할 수 있다는 것입니다. 이것이 요한복음 3장 16절의 핵심이 아닐까요? 하나님은 우리를 너무나 사랑하셔서 다른 방법으로는 얻을 수 없는 구원의 길을 제시하셨습니다. 우리는 구원받을 자격이 없었지만 하나님은 우리를 향한 사랑 때문에 길을 마련해주셨습니다.

우리의 구세주가 되기를 기꺼이 자처함으로써 하나님 사랑과 관련된 그리스도의 사랑이 나타났습니다. 그분의 희생은 엄청났습니다. 그가 죽기 직전 체포되었을 때 예수님은 제자들에게 "내 마음이 매우 고민하여 죽게 되었[다]"(마 26:38)라고 하셨습니다. 그리고 아버지 하나님께는 "내 아버지여 만일 할 만하시거든 이 잔을 내게서 지나가게 하옵소서 그러나 나의 원대로 마시옵고 아버지의 원대로 하옵소서"(마 26:39)라고 기도하셨습니다.

그리스도께서는 자신이 겪게 될 고통을 알고 계셨습니다. 그럼에도 불구하고 기꺼이 앞으로 나아가셨습니다. 이 사명을 성취하라고 보내신 아버지께 항상 순종했으며, 자기 죽음과 부활이 인류를 위한 유일한 구원의 길임을 아셨기 때문입니다. 순종하지 않는다면 모든 인류는 파멸할 것이기 때문입니다.

우리는 또한 배타성 교리에 내포된 지상 명령의 기초를 볼 수 있습니다. 그리스도만이 유일한 구원의 길이므로 우리는 다른 사람에게 이 메시지를 반드시 전해야 합니다. 예수님께서 승천하시기 전에 제자들에게 마지막으로 하신 말씀이 무엇인지 살펴봅시다. "하늘과 땅의 모든 권세를 내게 주셨으니 그러므로 너희는 가서 모든 민족을 제자로 삼아 아버지와 아들과 성령의 이름으로 세례를 베풀고"(마 28:18-19). 누가는 사도행전 1장 8절에 비슷한 명령을 기록합니다. "오직 성령이 너희에게 임하시면 너희가 권능을 받고 예루살렘과 온 유대와 사마리아와 땅 끝까지 이르러 내 증인이 되리라 하시니라."

이 두 가지 지상 명령 구절에는 세 가지 공통점이 있습니다.

첫째, 두 구절 모두 예수님께서 승천하시기 직전에 기록되었다는 점입니다. 그런 점에서 이 구절들은 예수님을 따르는 제자들에게 남긴 마지막 유언이자, 가장 중요한 명령입니다.

둘째, 이 말씀은 우리가 그리스도의 권능을 갖게 되어 복음을 전할 수 있으리라고 분명히 말합니다. 마태복음은 그리스도의 권위를, 누가복음은 성령의 능력을 언급합니다.

셋째, 두 구절 모두 그리스도의 제자들에게 가서 전하라고 명합니다. 그분의 죽음과 부활에는 이유가 있었습니다. 그분만이 유일한 구원의 길이므로 우리는 기회 있을 때마다 그 메시지를 전해야 합니다. 우리는 베드로와 요한과 같은 담대함을 가져야 합니다. 두 제자는 사람들에게 예수님을 전하다가 체포되었습니다. 공회 의원들 앞에 끌려갔을 때 그들은 예수의 이름으로 말하는 것을 그만두라는 말을 들었습니다.

베드로와 요한이 그 명령에 순종했다면 그들은 무사히 풀려났을 것입니다. 하지만 그들은 "우리는 보고 들은 것을 말하지 아니할 수 없다"(행 4:20)라고 말했습니다. 그들은 바로 전에 이미 그리스도를 통한 구원의 배타성을 담대하게 선언했습니다. "다른 이로써는 구원을 받을 수 없나니 천하 사람 중에 구원을 받을 만한 다른 이름을 우리에게 주신 일이 없음이라"(행 4:12).

따라서 두 제자에게 그리스도를 통한 구원의 배타성은 복음 전파와 불가분의 관계에 있었습니다. 예수님만이 유일한 길이므로, 우리는 이 기쁜 소식을 다른 사람들에게 긴급하게 전해야 합니다.

신약성경 전체에 걸쳐 피할 수 없는 근본 메시지가 있습니다. 예수님을 따르는 사람들은 복음을 전한 대가를 치렀습니다. 예를 들어, 예수님이 승천하신 직후 초대교회가 자리를 잡아가고 있을 때 베드로와 요한은 충실한 증언을 했다는 이유로 매를 맞고 투옥되었습니다. 때로는 사도행전 7장의 스데반처럼 초기 증인들이 목숨으로 대가를 치르기도 했습니다.

세상은 그리스도의 배타성 교리를 결코 환영하지 않았습니다. 사실, 역사의 많은 시간 내내 세상은 복음을 전하는 사람들에게 냉담한 반응을 보였습니다. 오늘날에도 많은 그리스도인이 충격적이고 일상적인 폭력으로 순교하고 있습니다.

우리는 그리스도만이 유일한 구원의 길이라는 진리를 거부하는 문화 가운데 살아갈 가능성이 높습니다. 배척당할 수도 있고, 친구들을 화나게 할 수도 있습니다. 직장을 잃을 수도 있습니다.

그리고 오늘날 세계 일부 지역에서는 죽을 수도 있습니다.

하지만 우리가 침묵을 지킨다면 그것은 가장 사랑스럽지 못한 행동입니다. 우리를 구원할 최고의 소식, 그리스도만이 유일한 구원의 길이라는 사실이 진정 맞다면 어떻게 사람들에게 알리지 않고 가만히 있을 수 있을까요?

이는 우리의 특권이자 소명입니다. 우리는 이 진리를 압니다. 그리스도만이 유일한 구원의 길입니다. 이제 우리는 말해야 합니다. 그 진실을 사람들에게 전하세요. 베드로와 요한처럼 "우리는 보고 들은 것을 말하지 아니할 수 없습니다".

토론 질문

1 무신론, 보편주의, 다원주의, 포용주의, 배타주의의 차이점은 각각 무엇인가요?

2 배타적 복음은 "초청 범위는 넓지만 적용 범위는 좁다"라는 말은 무슨 의미입니까?

3 그리스도만이 유일한 구원의 길임을 믿는다면, 이것이 개인 전도, 즉 복음을 전하는 우리의 태도와 행동에 어떤 영향을 미치게 될까요?

11장

나는 지역 교회를 믿습니다

교회는 신약성경에서 가장 지배적인 주제이자 핵심 주제 중 하나입니다. 안타깝게도 오늘날 세계 곳곳의 많은 그리스도인이 교회라는 존재를 당연하게 여깁니다. 우리는 큰 그림을 봐야 합니다. 우리는 성경에서 교회의 중요성을 보아야 합니다.

예수님께 교회는 중요했습니다. 제자들에게 자신이 누구라고 생각하느냐고 예수께서 물으셨을 때 베드로는 "주는 그리스도시요 살아 계신 하나님의 아들이시니이다"라고 말했습니다. 베드로가 정확하게 답하자 예수님은 이렇게 선언하십니다. "바요나 시몬아 네가 복이 있도다 이를 네게 알게 한 이는 혈육이 아니요 하늘에 계신 내 아버지시니라 또 내가 네게 이르노니 너는 베드로['반석'을 의미]라 내가 이 반석 위에 내 교회를 세우리니 음부의 권세가 이

기지 못하리라"(마 16:16-18).

베드로가 예수님을 메시아로 고백했을 때, 바로 그 순간이 교회를 세우는 기초가 되었습니다. 예수님은 자신의 죽음과 부활 이후 전 세계 교회의 남녀 성도의 손에 복음 전파 사명이 달려 있다는 것을 아셨습니다. 예수님은 제자들에게 직접 가르치셨지만, 교회를 통해 그 사명을 수행하도록 성령을 우리에게 남겨 주셨습니다(요 14:16).

신약성경 전체에서도 교회의 중요성을 강조합니다. 최초의 교회는 예수님이 승천하신 직후 예루살렘에서 시작되었습니다. 누가는 그 형성의 순간에 대한 세부 사항을 기록했습니다. "그 말을 받은 사람들은 세례를 받으매 이날에 신도의 수가 삼천이나 더하더라 그들이 사도의 가르침을 받아 서로 교제하고 [주의 만찬을 포함한] 떡을 떼며 오로지 기도하기를 힘쓰니라"(행 2:41-42).

예수님이 승천하시고 베드로가 예루살렘에서 설교를 한 직후에 교회가 탄생합니다. 사도행전은 로마 제국과 그 이후 교회의 시작을 역사적으로 엿볼 수 있는 책입니다. 신약성경의 나머지 부분은 주로 여러 지역에 있는 지역 교회를 중심으로, 해당 교회나 교회 지도자들에게 보내는 편지 형식으로 구성되어 있습니다. 또한, 요한계시록의 처음 세 장은 일곱 지역 교회에 대한 메시지입니다.

이처럼 성경에서 교회의 중요성을 간과해서는 안 됩니다. 교회는 예수께도 중요했으며, 사도행전부터 요한계시록까지, 신약성경에서 구심점을 이룹니다.

── 지역 교회와 보편 교회

때때로 지역 교회와, 그리스도를 믿는 모든 신자인 보편 교회 또는 보이지 않는 교회를 구분하기도 합니다. 지역 교회는 특정 지역의 특정 장소에 모여 사역하는 신자들로 구성됩니다. 반면, 보편적이라는 용어는 전 세계의 모든 신자를 포괄합니다. 보이지 않는다는 것은 이러한 신자들이 특정 주소에 있지 않다는 것과, 예수 그리스도를 믿는 자들의 마음은 하나님만이 확실히 아신다는 의미로 사용합니다.

보편적인 교회를 언급할 때는 교회Church를 대문자로 쓰고, 지역 신자들의 모임을 언급할 때는 소문자 c를 자주 사용합니다. 대부분의 성경 번역본은 두 경우 모두 소문자 교회로 번역합니다. 예를 들어, 바울은 보편적 교회에 대한 글을 쓰면서 "또 만물을 그의 발아래에 복종하게 하시고 그를 만물 위에 **교회**의 머리로 삼으셨느니라"(엡 1:22)라고 말합니다. 또한 바울은 지역 교회에 대해서도 자주 썼습니다. 빌립보교회에 보내는 이 인사말처럼 말입니다. "그리스도 예수의 종 바울과 디모데는 그리스도 예수 안에서 빌립보에 사는 모든 성도와 또한 [교회] 감독들과 집사들에게 편지하노니"(빌 1:1).

보편 교회와 지역 교회 구분은 중요하지 않습니다. 그러나 사복음서 이후 신약성경의 대부분은 지역 교회의 문제에 관한 것입니다.

—— 지역 교회가 그리스도인에게 중요한 이유

교회 활동을 접은 교인들과 나누는 대화 주제는 비슷비슷합니다. 먼저는 교회에서 그들을 기다린다는 사실을 알립니다. 그러면 보통 이런 식으로 대답합니다. "저는 예수님과 혼자서도 잘 지내요." 예수님은 기독교가 혼자만의 종교가 되길 의도하지 않았다는 데에 문제가 있습니다. 신약성경 전체는 (혼자가 아닌) 함께 사명을 수행하는 신자들에 관한 이야기입니다. 히브리서 기자는 간결하고 구체적으로 이렇게 말합니다. "모이기를 폐하는 어떤 사람들의 습관과 같이 하지 말고 오직 권하여 그 날이 가까움을 볼수록 더욱 그리하자"(히 10:25).

지역 교회에 대해 자주 듣는 의견 중에는 "교회는 건물이 아니라 사람이다"라는 말도 있습니다. 그 말은 성경적으로 맞지만, 일반적으로는 오용되고 있습니다. 이러한 발언을 하는 사람은 일반적으로 건물에 모이는 것이 그다지 중요하지 않다는 것을 강조합니다. 하지만 모이는 것은 중요할 뿐만 아니라 성경적으로도 필수입니다. 우리는 보통 건물에 모이지만, 건물이 아니더라도 어딘가에는 모여야 합니다.

하지만 오늘날에는 "얼마나 많은 사람을 모으느냐가 중요한 것이 아니라 얼마나 많은 사람을 파송하느냐가 중요하다"와 같은 말이 인기를 끕니다. 하지만 이 두 가지는 배타적이지 않고 보완적입니다. 우리는 모이고, 또한 파송하는 교회가 되어야 합니다.

신약성경이 지역 교회에 대해 공통으로 이야기하는 주제가 있습니다. 그리스도인은 서로 연결되어 있고, 정기적으로 예배에 모입니다. 그리스도인은 지역 교회에서 함께 봉사하며, 지역 교회 구성원이라고 합니다.

그리스도인으로서 우리는 섬기도록 부름받았습니다. 바울은 교회 지도자의 책임 중 하나가 "이는 성도를 온전하게 하여 봉사의 일을 하게 하며 그리스도의 몸을 세우려 하심"(엡 4:12)임을 분명히 밝힙니다. 신자들은 그렇게 봉사할 수 있도록 미리 준비되어야 합니다. 마찬가지로, 우리는 그리스도인으로서 예배에 모이도록 부름받았습니다. 예배와 봉사는 성경에서 모두 공동체 생활 맥락에서 전제됩니다. 바울이 특정 지역 교회인 에베소교회에 편지했을 때, 그는 에베소 교인들이 함께 봉사하는 가운데 이러한 사역이 이루어질 것을 상상했습니다. "서로 친절하게 하며 불쌍히 여기며 서로 용서하기를 하나님이 그리스도 안에서 너희를 용서하심과 같이 하라"(엡 4:32).

—— 지역 교회는 문화센터가 아니다

"우리가 '지역 교회' 구성원인지가 중요할까요? 더 중요한 것은 성경에서 말하는 '교회' 구성원이 되는 것 아닌가요?" 두 질문에 대한 답은 모두 '그렇다'입니다.

먼저 구성원member이라는 단어를 보겠습니다. 서구 문화권에서는 '구성원'이 무슨 의미인지를 먼저 정의해야 합니다. "나는 로터리클럽 회원입니다"와 같이 문화센터나 시민단체에 소속되어 있음을 나타낼 때 이 단어를 자주 사용합니다.

문화센터 회원은 회비를 납부하고 그 대가로 특전과 혜택을 받습니다. 이러한 혜택에는 골프, 수영, 식사, 테니스 등이 포함되곤 합니다. 가치 있는 무언가를 받을 것을 기대하며 거기에 상응하는 회비를 지불한다는 것이 기본 개념입니다.

시민단체 멤버십은 회비를 내고 커뮤니티의 더 큰 이익을 위해 봉사하는 이타적 측면이 더 강합니다. 하지만 회비를 낸 만큼 식사, 엔터테인먼트, 활동 등의 혜택도 기대할 수 있습니다.

이러한 멤버십 개념, 특히 문화센터 멤버십 개념을 지역 교회에 도입하면 문제가 생깁니다. 사도 바울은 지체라는 단어를 전적으로 각 구성원이 얼마나 중요한지 설명하기 위해 인체 은유를 활용하여 다양한 맥락에서 설명하기 위해 사용합니다.

몸은 한 지체뿐만 아니요 여럿이니 만일 발이 이르되 나는 손이 아니니 몸에 붙지 아니하였다 할지라도 이로써 몸에 붙지 아니한 것이 아니요 또 귀가 이르되 나는 눈이 아니니 몸에 붙지 아니하였다 할지라도 이로써 몸에 붙지 아니한 것이 아니니 만일 온몸이 눈이면 듣는 곳은 어디며 온몸이 듣는 곳이면 냄새 맡는 곳은 어디냐. 고린도전서 12:14-17

바울의 요점은 인체의 모든 부분, 즉 지체가 중요한 역할을 한다는 것입니다. 마찬가지로 그리스도의 몸인 교회의 모든 지체도 각 지체가 자기 기능을 수행하면서 다른 지체를 돌보는 중요한 역할을 합니다. "몸 가운데서 분쟁이 없고 오직 여러 지체가 서로 같이 돌보게 하셨느니라"(고전 12:25).

따라서 교회 구성원의 자격은 시민단체나 문화센터 회원 자격과는 크게 다릅니다. 교회 구성원은 우리가 회중 안에서 적극적으로 활동해야 한다는 의미입니다. 그것은 우리가 다른 사람을 돌본다는 의미입니다. 우리가 아무 조건 없이 아낌없이 헌금한다는 의미입니다. 섬김을 받으려 하지 않고 섬긴다는 것을 의미합니다. 예수님께서 말씀하신 것처럼(마 20:16) 자기 자신을 가장 마지막에 두는 것을 의미합니다.

신약성경은 신자를 지역 교회에서 독립된 존재로 묘사하지 않습니다. 성경에서도 교회 구성원의 자격을 중요하게 여깁니다. 교회 구성원은 봉사하고, 베풀고, 사랑하고, 책임지는 법을 배워야 합니다. 이처럼 교회 등록은 참으로 중요합니다.

── 교회에 대한 성경적 은유

성경 저자들은 교회를 설명하기 위해 다양한 비유를 사용합니다. 앞서 언급했듯 바울은 고린도전서 12장 전체를 사용하여 교회를 한 몸으로 설명합니다. 또한, 바울은 교회를 가족에 비유하는데, 가족 구성원과 교회 구성원 모두 사랑과 복종으로 서로 관계를 맺는다는 점에서 교회를 가족에 비유합니다. 또한, 바울은 결혼 비유를 사용하여 그리스도를 신랑으로, 교회를 신부로 표현합니다(엡 5:31-32).

교회에 대한 다른 은유도 있습니다. 교회는 거룩한 제사장 직분입니다(벧전 2:4-9). 교회는 살아 있는 가지가 있는 올리브나무입니다(롬 11:17-24). 교회는 작물이 있는 밭입니다(고전 3:5-9). 교회는 그리스도가 기초가 되고 다른 사람들이 그 위에 세워져가는 건물입니다(고전 3:9-15). 비유는 다양하지만 공통 주제가 있습니다. 각 비유는 구성원들이 더 큰 전체의 일부임을 암시합니다. 각 은유는 서로 다른 부분이 없다면 전체는 존재하지 않는다는 것을 분명히 합니다. 그리고 이 은유는 구성원들이 전체의 더 큰 이익을 위해 기능하도록 되어 있음을 떠올리게 합니다.

—— 교회의 표지

기도와 성경 공부를 위해 다른 사람과 모인다면, 그 모임이 교회인가요? 아마도 아닐 것입니다. 신약성경은 모임이 특정 기능을 수행할 때 교회가 된다고 보여줍니다. 때때로 이러한 기능을 표지^{marks}라고 합니다.

지역 교회 조직과 교리는 특정 교회의 표지를 결정합니다. 확실히 대부분 교회는 신실한 성경 설교를 교회의 표지로 간주합니다. 바울은 제자 디모데에게 "너는 말씀을 전파하라 때를 얻든지 못 얻든지 항상 힘쓰라 범사에 오래 참음과 가르침으로 경책하며 경계하며 권하라"(딤후 4:2)라고 명했습니다.

교회는 또한 주의 만찬 또는 성찬을 거행합니다. 일부 교회에서는 이를 의식 또는 성찬이라고 부르지만, 그 목적은 그리스도께서 십자가에서 죽으심으로 우리를 위해 행하신 일을 끊임없이 기억하게 합니다. 바울은 교회가 주의 만찬에 대해 어떻게 해야 하는지 자세히 기록했으며, "너희가 이 떡을 먹으며 이 잔을 마실 때마다 주의 죽으심을 그가 오실 때까지 전하는 것이니라"(고전 11:26)라고 상기하게 했습니다.

주의 만찬은 교회에서 믿음으로 충만한 교제를 유지하도록 기억나게 하고, 의식으로서 세례는 교회에 들어가는 징표로 역사합니다. 예수님은 승천 후에 설립될 교회에게 삼위일체의 이름으로 세례를 받는 것의 중요성을 알게 해주셨습니다. 우리는 "아버지와 아들과 성령의 이름으로" 세례를 베풀어야 합니다(마 28:19).

신약성경에서 교회 권징은 중요하므로 일부 교회에서는 권징을 지역 교회를 나타내는 표지로 추가하기도 합니다. 바울은 회개하지 않고 노골적으로 죄를 범하는 죄인은 교회에서 계속 교제할 수 없다고 강조하면서 교회 지도자들에게 "이 악한 사람은 너희 중에서 내쫓으라"(고전 5:13)라고 했습니다.

그러나 바울은 회개한 신자를 회복시키는 것에 대해서도 담대하게 말했습니다. "그런즉 너희는 차라리 그를 용서하고 위로할 것이니 그가 너무 많은 근심에 잠길까 두려워하노라 그러므로 너희를 권하노니 사랑을 그들에게 나타내라"(고후 2:7-8). 교회 권징은 교정을 방법으로 하고 회복을 그 목표로 합니다.

—— 나는 교회 구성원입니다

우리는 믿음으로 구원의 선물을 받았습니다. 그것은 대가 없는 은혜의 선물이었습니다. 그 선물은 우리를 구원했을 뿐만 아니라 우리를 교회라고 부르는 가족의 일원이 되게 했습니다. 그러므로 교회는 하나님이 우리에게 주신 선물의 일부입니다. 그리스도의 몸에 소속되는 지체의 자격은 하나님이 주신 선물이므로 가볍게 여겨서는 안 됩니다.

이는 법적 의무가 아닙니다. 문화센터 혜택은 제공되지 않습니다. 자격을 위한 면허증이 아닙니다. 그것은 하나님의 선물이며 우리가 소중히 여겨야 할 선물입니다. 우리가 큰 기쁨과 기대감으로 받아야 할 선물입니다.

저는 교회 구성원입니다. 이 세 단어는 신자들에게 주어진 선물에 대해 설명합니다. 그래서 우리는 그 선물에 감사로 응답합니다. 우리는 예수님이 우리를 섬기신 것처럼 다른 사람을 섬김으로써 응답합니다. 성도들이 섬기기로 결심하고 자신을 마지막에 둔다면 교회는 훨씬 더 건강해질 것입니다.

저는 교회를 믿습니다. 그리고 교회는 구성원들이 희생적으로 봉사할 때 더욱 건강해집니다.

토론 질문

1 신자들이 보편 교회와 지역 교회 모두에 어떻게 속해 있는지 설명해봅시다.

2 지역 교회에서 헌신하고, 참여하고, 희생하는 것이 중요한 이유는 무엇인가요?

3 인체가 교회에 대한 좋은 은유인 이유는 무엇인가요?

12장

**나는 그리스도인이 영적으로
성장해야 한다고 믿습니다**

우리가 그리스도를 따르면 중생, 즉 다시 태어나는 것을 경험합니다. 이 하나님의 행위는 우리가 회개하고 그리스도를 믿을 때 일어납니다. 우리는 육체적으로 처음 태어났고 이제 영적으로 두 번째 태어납니다. 중생은 또한 우리에게 칭의를 가져다줍니다. 의롭다 함을 받는다는 것은 하나님과의 관계가 올바르게 되는 것이며, 우리는 예수님의 사역으로 하나님 앞에서 그렇게 인정받았습니다.

하나님은 우리가 회개하고 그리스도를 믿을 때 우리를 의롭다 하십니다. 또한 우리를 거룩하게 하시는, 구별하시는 성화 과정을 시작하십니다. 예수님을 닮아가는 일을 시작한다면 성화를 제대로 이해할 수 있습니다. 그분은 완전한 거룩함이십니다. 비록 우리가 이 땅에서 완전해지진 못하겠지만, 하나님의 능력 안에서 그리스도를 더욱 닮아가기 위해 노력해야 합니다.

성화 과정은 누군가가 그리스도인이 될 때 본격적으로 시작됩니다. 하지만 저는 성화 과정이 눈에 띄지 않을 정도로 느리게 진행된 사람이었습니다. 저는 작은 마을에서 자랐기 때문에 교회에서 복음을 들어본 기억이 없었습니다. 솔직히 말하자면, 설교보다는 제 둔한 귀가 문제였을 것입니다. 하지만 강단에서 누구도 저에게 복음 메시지를 전한 기억이 없습니다.

하나님은 저에게 조 헨드릭슨이라는 경건한 고등학교 코치를 붙여주셨습니다. 그 순간을 구체적으로 기억하진 못하지만, 조 코치님은 어떻게 하면 그리스도인이 될 수 있는지 저에게 알려주셨던 기억이 납니다. 그때 처음으로 회개와 믿음이라는 단어를 듣고 이해했습니다. 코치님이 저에게 복음을 전한 다음 날 저는 제 죄를 회개하고 그리스도를 믿게 되었습니다.

하나님께서 제게 주신 이 새로운 신앙에 대해 더 많이 알고 싶다는 깊은 갈망을 느끼고, 태어날 때 받은 킹제임스성경의 창세기, 출애굽기, 레위기를 열심히 읽었던 기억이 납니다.

저는 그리스도의 제자가 되겠다는 열심을 품고 교회로 돌아왔지만, 신자로서 영적으로 성장하는 방법에 대한 격려와 구체적인 지시를 받지 못하자 예전 생활방식으로 돌아가고 싶었습니다. 당시에는 생소했던 '성화'라는 단어는 제 앞에서 비명을 지르며 멈춰버린 것 같았습니다.

하지만 뭔가 다른 것이 있었습니다. 반항하고 죄의 삶으로 돌아갔을 때 저는 죄책감, 즉 죄의식을 느꼈습니다. 더 나아가 저는 다른 삶을 원한다는 사실을 알았습니다. 그 삶이 제가 살아야 할 인생은 아니라는 것을 직감적으로 알았습니다. 결국, 저는 십 대의 한 소녀를 만났고, 그 소녀는 저를 서서히 그리스도인으로 성장하도록 이끌었습니다. 몇 년 후 결혼했을 때, 아내는 새 마을에 있는 교회에 등록해보겠느냐고 물었습니다. 결정하기까지 몇 년을 기다렸지만, 아내가 저에게 두 단어를 말했을 때 교회를 찾아야겠다는 동기가 생겼습니다. "나 임신했어요." 교회를 찾는 일을 진지하게 생각하게 한 원동력이었습니다. 가족을 위해 경건한 아빠이자 남편이 되고 싶었으니까요.

감사하게도 우리가 선택한 교회는 성경적 설교가 탄탄했고 영적으로 성장할 수 있는 길을 열어주었습니다. 매일 그리스도 안에서 성장하고 있다는 것을 느낄 수 있었습니다. 24살이 되자 성화는 제 삶에서 현실이 되었고 분명해졌습니다.

—— 유아 그리스도인과 성숙한 그리스도인

사도 바울은 은유의 달인이었으며, 영적으로 성장하지 않는 사람들을 묘사할 때 그리스도 안에 있는 유아라는 이미지를 사용했습니다. 그는 고린도에 있는 문제 많은 교회에 대한 편지를 쓸 때 이렇게 가볍게 책망했습니다. "형제들아 내가 신령한 자들을 대함과 같이 너희에게 말할 수 없어서 육신에 속한 자 곧 그리스도 안에서 어린아이들을 대함과 같이 하노라 내가 너희를 젖으로 먹이고 밥으로 아니하였노니 이는 너희가 감당하지 못하였음이거니와 지금도 못하리라"(고전 3:1-2).

그리스도인으로서 처음 몇 년을 되돌아보면 저는 영적 유아기 상태인, 아기 그리스도인이었음을 비로소 알았습니다. 제가 영적으로 성장하는 것을 하나님은 원하셨습니다. 오늘날 장성한 사람이 되어서도 저는 성장할 구석이 여전히 많다는 것을 알고 있습니다. 하나님의 능력 안에서 그분을 직접 뵐 때까지 매일 영적으로 자라기 위해 노력할 것입니다.

—— 성화는 과정입니다

그러므로 성화는 과정임이 분명합니다. 우리가 천국의 이편에 있는 한, 우리는 죄에서 자유롭지 못할 것입니다. 요한은 "만일 우리가 죄가 없다고 말하면 스스로 속이고 또 진리가 우리 속에 있지 아니할 것이요"(요일 1:8)라고 썼습니다. 또한, 죄를 고백함으로써 성화의 길로 돌아가야 한다고 강조합니다. "만일 우리가 우리 죄를 자백하면 그는 미쁘시고 의로우사 우리 죄를 사하시며 우리를 모든 불의에서 깨끗하게 하실 것이요"(요일 1:9).

우리가 그리스도를 따르는 사람이 되면 우리 안에 그분의 능력이 임합니다. 우리는 죄의 지배를 받을 필요가 없습니다. 우리가 그리스도인이 되기 전에는 죄의 노예였지만, 이제는 전혀 다른 삶을 살 수 있게 되었습니다. "죄가 너희를 주장하지 못하리니 이는 너희가 법 아래에 있지 아니하고 은혜 아래에 있음이라"(롬 6:14). 그러므로 바울은 더 나아가 "너희 지체를 불의의 무기로 죄에게 내주지 말고 오직 너희 자신을 죽은 자 가운데서 다시 살아난 자 같이 하나님께 드리며 너희 지체를 의의 무기로 하나님께 드리라"(롬 6:13)라고 권합니다.

우리는 주님이 다시 오실 때까지 영적으로 계속 성장하고 날로 거룩해질 것입니다. 바울이 말한 대로 "우리의 시민권은 하늘에 있는지라 거기로부터 구원하는 자 곧 주 예수 그리스도를 기다리노니 그는 만물을 자기에게 복종하게 하실 수 있는 자의 역사로 우리의 낮은 몸을 자기 영광의 몸의 형체와 같이 변하게 하[실]"(빌 3:20-21) 것입니다.

—— 우리의 영적 성장을 위한 하나님의 능력

우리의 영적 성장은 하나님에게서 온다는 것을 분명히 이해해야 합니다. 우리는 그분의 능력 없이는 아무것도 할 수 없습니다. 바울은 데살로니가교회에 편지를 보내 "평강의 하나님이 친히 너희를 온전히 거룩하게 하시고 또 너희의 온 영과 혼과 몸이 우리 주 예수 그리스도께서 강림하실 때에 흠 없게 보전되기를 원하노라 너희를 부르시는 이는 미쁘시니 그가 또한 이루[신다]"(살전 5:23-24)라고 강조합니다.

이 구절은 우리의 영적 성장에 있어 하나님이 어떻게 역사하시는지를 강력하게 묘사하고 있습니다.

첫째, 하나님은 우리를 책임지고 거룩하게 만드신다는 것입니다. 바울이 사용한, 그분이 "거룩하게 하신다"는 표현은 우리가 "영적으로 성장한다"라는 말과 같은 의미입니다.

다음으로, 그는 우리의 목표는 흠 없는 기업으로 나아가는 것이라고 말합니다. 앞서 언급했듯, 우리는 이 세상에서 완전함이나 흠 없는 상태에 이르지는 못하지만 하나님의 능력 안에서 그것을 향해 가도록 노력합니다. 바울은 그리스도께서 다시 오실 때까지 우리는 이 성화의 길로 나아갈 것이라고 언급합니다. 그때 우리는 죄 없는 부활한 몸을 받게 될 것입니다.

데살로니가전서 5장 24절에는 강력한 확신의 말씀이 있습니다. 바울은 "그가 또한 이루시리라"라고 말합니다. 의심의 여지가 없습니다. 그분의 능력이 역사하고 계십니다. 바울은 또한 하나님은 신실하신 분임을 상기시킵니다. 그분은 우리에게 자기 능력과 성령의 임재를 약속하셨고, 그 약속을 지키실 것입니다.

예수님은 하늘로 돌아가시면 성령을 우리에게 보내신다고 약속하셨습니다. "너희가 나를 사랑하면 나의 계명을 지키리라 내가 아버지께 구하겠으니 그가 또 다른 보혜사를 너희에게 주사 영원토록 너희와 함께 있게 하리니"(요 14:15-16). 예수님은 먼저 우리에게 자기 계명에 순종하라고 명하십니다. 이것이 우리가 그리스도 안에서 성장하는 방법입니다. 그러나 그분은 성령께서 이 성장의 길에서 우리에게 힘을 실어주실 것을 분명히 말씀하십니다.

베드로는 신자들에게 보내는 편지에서 "하나님 아버지의 미리 아심을 따라 성령이 거룩하게 하심으로 순종함과 예수 그리스도의 피 뿌림을 얻기 위하여 택하심을 받은 자들에게 편지[한다]"(벧전 1:2)라고 말합니다. 다시 말하지만, 우리를 거룩하게 만드시는 분은 성령이십니다. 우리에게 순종할 힘을 주시고, 따라서 기독교 신앙이 성장할 힘을 주시는 분은 성령이십니다.

그러므로 바울은 우리의 영적 성장이 성령에 달려 있다고 말했습니다. 우리는 성령으로 걷습니다. 우리는 성령으로 충만합니다. 그리고 그리스도인으로 성장할 때 우리는 성령의 열매를 맺습니다. 바울은 "오직 성령의 열매는 사랑과 희락과 화평과 오래 참음과 자비와 양선과 충성과 온유와 절제"라고 말합니다(갈 5:22-23).

—— 영적 성장을 위한 우리의 역할

바울은 하나님의 일과 영적 성장을 위한 우리의 역할 사이에 놓인 긴장에 대해 언급하면서 "그러므로 형제들아 우리가 빚진 자로되 육신에게 져서 육신대로 살 것이 아니니라 너희가 육신대로 살면 반드시 죽을 것이로되 영으로써 몸의 행실을 죽이면 살 [것]"(롬 8:12-13)이라고 말합니다. 한편으로 바울은 우리가 "성령의 능력으로"(영으로써) 살아야 한다고 강조합니다. 다른 한편으로는 영적으로 성장하려면 자발적인 자기 의지가 있어야 함을 분명하게 인식합니다. 우리는 그리스도와 더 가까워지기로 선택하고, 그렇게 할 수 있도록 성령의 능력을 받아야 합니다.

바울은 "그러므로 나의 사랑하는 자들아 너희가 나 있을 때뿐 아니라 더욱 지금 나 없을 때에도 항상 복종하여 두렵고 떨림으로 너희 구원을 이루라 너희 안에서 행하시는 이는 하나님이시니 자기의 기쁘신 뜻을 위하여 너희에게 소원을 두고 행하게 하[신다]"(빌 2:12-13)고 말합니다. 우리는 순종하여 일해야 합니다. 영적 성장의 사명을 완수할 수 있도록 하나님께서 우리 안에서 그분의 일을 행하실 것입니다.

그렇다면 어떻게 하면 내가 구원받았다는 것을 보여줄 수 있을까요? 다시 말해, 영적으로 성장하기 위해 우리는 정확히 무엇을 해야 할까요? 훈련의 전체 목록이나 자세한 설명을 여기에 풀어놓을 수는 없지만, 그리스도인이 하나님의 능력 안에서 성장하기 위해 추구할 법한 가장 일반적인 방법을 살펴봅시다.

가장 일반적으로 언급되는 영적 훈련 중 하나는 성경 읽기입니다. 결국, 우리가 하나님의 지시를 받길 원한다면 하나님 말씀보다 더 좋은 것은 없습니다. 시편은 하나님 말씀을 묵상하라는 장엄한 부르심으로 시작됩니다. "복 있는 사람은 악인들의 꾀를 따르지 아니하며 죄인들의 길에 서지 아니하며 오만한 자들의 자리에 앉지 아니하고 오직 여호와의 율법을 즐거워하여 그의 율법을 주야로 묵상하는도다"(시 1:1-2).

영적으로 성장하는 사람들은 하나님 말씀을 정기적으로 읽을 뿐만 아니라 절제와 끈기를 가지고 기도합니다. 바울은 에베소교회에 "모든 기도와 간구를 하되 항상 성령 안에서 기도하고 이를 위하여 깨어 구하기를 항상 힘쓰며 여러 성도를 위하여 구하라"(엡 6:18)라고 했습니다. 다시 말하지만, 우리에게 행동 계획("기도")이 주어졌고, 이 과정에서 하나님의 영("성령 안에서")은 우리의 안내자이며 힘입니다.

히브리서 기자는 우리의 신실한 신자들이 지역 교회에 참여한다면 우리에게는 더 큰 영적 성장이 일어나며 동시에 교회의 다른 신자들을 격려할 수 있을 것이라고 말합니다. 그는 우리가 "서로 돌아보아 사랑과 선행을 격려하며 모이기를 폐하는 어떤 사람들의 습관과 같이 하지 말고 오직 권하여 그 날이 가까움을 볼수록 더욱 그리하자"(히 10:24-25)라고 말합니다.

그리스도를 따르는 사람으로 성장하는 사람은 자연스럽고 초자연적으로 다른 사람에게 복음을 전하게 됩니다. 앞서 언급했듯, 베드로와 요한은 다른 사람에게 예수님에 대해 더 이상 말하지 말라는 당국자들의 말을 들었을 때 담대하게 대답합니다. "하나님 앞에서 너희의 말을 듣는 것이 하나님 말씀을 듣는 것보다 옳은가 판단하라 우리는 보고 들은 것을 말하지 아니할 수 없다"(행 4:19-20).

지금까지 말한 것들은 그리스도인이 영적으로 성장하기 위해 하나님의 일에 참여하는 몇 가지 일반적인 방법입니다. 완벽한 목록은 아니지만 좋은 출발점이 될 수 있습니다. 실제로 매일 성경을 읽고, 정기적으로 기도하고, 교회에 성실히 출석하고, 담대하게 복음을 전하는 사람은 영적 성장 또는 성화의 길에 있는 사람일 가능성이 높습니다.

그리고 좋은 소식은 하나님께서 그분의 능력으로 이러한 일을 하는 데 필요한 모든 것을 주신다는 것입니다.

토론 질문

1 성화에 관해 자신의 언어로 정의를 내려보세요.

2 구원을 이룬다는 것은 무슨 의미일까요? 우리의 역할은 무엇이고 하나님의 역할은 무엇인가요?

3 더 큰 영적 성장의 길로 나아가기 위해 오늘 어떤 일을 할 수 있나요?

13장

나는 복음을 전하도록
부름받았다고 믿습니다

저는 스물네 살이었고 누구에게도 예수님에 대해 말한 적이 없었습니다. 물론, 몇몇 사람을 교회에 초대하긴 했지만, 어떻게 구원을 받을 수 있는지, 어떻게 죄를 용서받을 수 있는지, 죽으면 어떻게 천국에 갈 수 있다는 확신을 가질 수 있는지에 대해 말한 적은 없었습니다. 솔직히 저는 왜 하나님께서 저를 짐에게 인도하셨는지 정확히 기억하지 못합니다. 그냥 친구를 마음에서 지울 수가 없었습니다. 당시 저는 사업가였고, 제 직업을 통해 그와 어떻게든 인연을 맺었습니다. 그는 우리 교회를 방문하기로 했지만 저는 그를 초대하는 데 아무런 역할도 하지 못했습니다. 그는 제 초대를 받지 않고 스스로 찾아왔습니다.

    짐은 과거에 심한 상처를 받았습니다. 그의 아내는 다른 남자를 만난 후 그를 떠났습니다. 아내를 깊이 사랑했지만 도대체 왜 그런 일이 일어났는지 이해할 수 없었습니다. 짐과 저는 좋은 친구가 되었고, 짐은 제가 참여한 남성 성경 공부 모임에 참석하기 시작했습니다. 짐은 아직 그리스도인이 아니었습니다. 저는 그가 설교를 통해 복음을 듣고 돌이키고 성숙한 그리스도인이 되기를 바랐습니다. 하지만 그런 일은 일어나지 않았습니다.

날이 갈수록 어떤 확신이 제 안에서 커져 갔습니다. 짐에게 예수님을 전해야 한다는 그런 확신이요. 하지만 복음을 전해야 한다는 생각만으로도 식은땀이 났습니다. 내가 필요할 때 빌리 그레이엄은 어디에 있었을까요?

그 확신은 제 안에서 계속 커졌습니다. 다른 사람이 나 대신 그에게 복음을 전할 것이라고 더 이상 합리화할 수는 없었습니다. 하나님께서 저를 부르셨기 때문입니다. 그날 밤 짐에게 전화해서 집에 가도 되냐고 물어봤어요. 당시에는 사실 내가 더 당황스러웠지만 그는 흔쾌히 허락했습니다.

제가 어떻게 했는지 알면 가관입니다. 끔찍했죠. 도착했을 때 저는 떨고 있었어요. 입은 바짝바짝 타들어 갔습니다. 말이 거의 입에서 나오지 않았습니다. 짐은 제가 긴장한 것을 알아채고 물을 건넸습니다. 아마 지금까지 세상에서 전해졌던 복음 메시지 중에 가장 형편없었을 것입니다. 저는 완전히 실패한 것 같았습니다.

하지만 그는 복음을 받아들였습니다. 여기서 저는 세 가지 중요한 교훈을 얻었습니다.

첫째, 하나님은 우리의 순종을 원하십니다.

둘째, 그분은 우리의 연약함 속에서 우리를 사용하십니다. 아마도 우리가 그분을 의지해야 하므로 그분은 우리의 연약함 속에서 우리를 더욱 사용하실 것입니다.

세 번째 교훈은 제 삶의 여정이 되었습니다. 모든 신자는 복음을 전하도록 부름을 받았으며, 저 역시 마찬가지라는 것입니다. 지상 명령은 모든 그리스도인의 의무입니다.

—— 말씀은 매이지 않는다

전도의 중요성을 강조하는 데 가장 많이 사용되는 구절은 마태복음 28장 18-20절의 지상 명령입니다. "예수께서 나아와 말씀하여 이르시되 하늘과 땅의 모든 권세를 내게 주셨으니 그러므로 너희는 가서 모든 민족을 제자로 삼아 아버지와 아들과 성령의 이름으로 세례를 베풀고 내가 너희에게 분부한 모든 것을 가르쳐 지키게 하라 볼지어다 내가 세상 끝날까지 너희와 항상 함께 있으리라."

지상 명령이 아름다운 이유는 전도의 세 가지 핵심 요소를 담고 있기 때문입니다.

첫째, 우리가 순종하여 복음을 전할 때 예수님의 능력과 권위로 복음을 전하는 기쁨이 있습니다. 둘째, 우리는 제자 삼아야 합니다. 즉, 사람들에게 예수님에 대한 좋은 소식을 전하여 그들이 예수님의 제자가 되도록 해야 합니다. 셋째, 우리는 새신자들이 그리스도를 더욱 독실하게 따르도록 도와야 합니다. 세례받고 예수의 가르침을 계속 따르게 하는 것입니다.

사도 바울은 디모데에게 복음을 전하는 데 드는 대가에 대해 편지를 썼습니다.

> 내가 전한 복음대로 다윗의 씨로 죽은 자 가운데서 다시 살아나신 예수 그리스도를 기억하라 복음으로 말미암아 내가 죄인과 같이 매이는 데까지 고난을 받았으나 하나님의 말씀은 매이지 아니하니라 그러므로 내가 택함 받은 자들을 위하여 모든 것을 참음은 그들도 그리스도 예수 안에 있는 구원을 영원한 영광과 함께 받게 하려 함이라. 디모데후서 2:8-10

예수님이 승천하시고 초대교회가 탄생한 직후, 베드로와 요한은 사람들에게 예수님을 전한 일로 곤경에 처했습니다. 그들은 체포되어 감옥에 갇히고 "관리들과 장로들과 서기관들[의 공회]"(행 4:5)에 출두하라는 명령을 받았습니다. 두 지도자는 공회 앞에서 말하라는 요청을 받았습니다. 그 기회에 베드로와 요한은 주저 없이 예수님만이 유일한 구원의 길이라고 외쳤습니다.

전도는 모든 그리스도인의 의무입니다. 그리고 복음을 전하는 데에는 대가가 따릅니다.

로마서 3장 23절은 성경에서 가장 잘 알려진 구절 중 하나입니다. "모든 사람이 죄를 범하였으매 하나님의 영광에 이르지 못하더니." 이 구절은 바울이 모든 사람에게 우리가 모두 죄인이며, 하나님의 영광에 근접하는 사람은 아무도 없다는 사실을 강력하게 기억나게 합니다.

성경은 이 부분에 관해 분명합니다. 죄를 지으면 거룩하고 완전하신 하나님과의 관계가 깨집니다. 우리는 모두 죄를 지었습니다. 우리는 모두 하나님의 영광에 이르지 못했습니다. 우리는 모두 하나님과 영원히 분리되어 마땅합니다. 우리는 모두 하나님의 진노를 받아 마땅합니다. 그러나 하나님께서는 우리가 이 영원한 심판에서 구원받을 수 있도록 준비해두셨습니다.

하나님은 우리를 대신해 형벌을 받으시기 위해 독생자를 보내셨습니다. 그의 이름이 예수입니다. 예수님의 사명은 분명했습니다. 마리아가 임신했을 때 천사 가브리엘이 알려주었습니다. "아들을 낳으리니 이름을 예수라 하라 이는 그가 자기 백성을 그들의 죄에서 구원할 자이심이라 하니라"(마 1:21).

우리는 하나님께 불순종하기로 선택했습니다. 우리는 거룩하신 하나님의 얼굴에 침을 뱉고 자기 길을 가겠다고 했습니다. 우리는 그분을 거부했으며 영원히 그분과 분리되어 마땅합니다.

우리가 마땅히 받아야 할 대가를 받았더라면? 우리가 죄의 대가를 치러야 했더라면? 하나님이 인간이 되어 우리 가운데 거하지 않으셨다면? 예수님이 십자가에서 죽지 않으시고 우리 형벌을 받지 않으셨다면? 그가 우리 죄를 짊어지고 우리를 대신하여 하나님의 진노를 짊어지고 싶지 않다고 결정했더라면?

좋은 소식, 즉 복음은 우리가 이러한 "만약"에 대해 고민할 필요가 없다는 것입니다. 예수님은 육신을 입은 하나님이십니다. "말씀이 육신이 되어 우리 가운데 거하시매 우리가 그의 영광을 보니 아버지의 독생자의 영광이요 은혜와 진리가 충만하더라"(요 1:14). 그리고 예수님은 십자가에 달리셨습니다. 그분은 우리 죄를 짊어지셨습니다. 우리를 대신하여 하나님의 진노를 짊어지셨습니다. 십자가에서 우리를 대신하셨습니다. "하나님이 죄를 알지도 못하신 이를 우리를 대신하여 죄로 삼으신 것은 우리로 하여금 그 안에서 하나님의 의가 되게 하려 하심이라"(고후 5:21).

예수님이 끔찍한 십자가에 매달렸을 때, 그분은 내가 받아야할 형벌을 받으신 것입니다. 그분은 당신이 마땅히 받아야 할 형벌을 받으신 것입니다. 구약성경에 나오는 희생양처럼 완전한 하나님의 어린양이 우리를 대신하여 희생되었습니다. 예수님은 하나님의 진노를 스스로 짊어지셨습니다. 세상의 죄가 그에게 던져졌을 때 아버지께서는 그를 바라볼 수 없었습니다.

땅에 어둠이 내렸습니다. "제구시쯤에 예수께서 크게 소리 질러 이르시되 엘리 엘리 라마 사박다니 하시니 이는 곧 나의 하나님, 나의 하나님, 어찌하여 나를 버리셨나이까 하는 뜻이라"(마 27:46).

죄가 아니었던 그가 내게 죄가 되었습니다. 당신을 위해. 세상을 위해.

그러나 우리는 그 이야기가 십자가에서 끝나지 않았다는 것을 압니다. 예수의 시신은 옮겨져 빌린 무덤에 안전하게 안치되었습니다. 무덤을 안전하게 지키기 위해 거대한 바위를 문 앞에 굴려 놓았습니다. 그리고 3일 후 예수님은 죽음에서 부활하셨습니다. 예수님은 죄를 물리쳤을 뿐만 아니라 죽음도 물리치셨습니다. "천사가 여자들에게 말하여 이르되 너희는 무서워하지 말라 십자가에 못 박히신 예수를 너희가 찾는 줄을 내가 아노라 그가 여기 계시지 않고 그가 말씀하시던 대로 살아나셨느니라 와서 그가 누우셨던 곳을 보라"(마 28:5-6).

예수님은 우리 죄를 위해 죽으셨습니다. 그리고 죽음에서 부활하셨습니다. 그가 살았으니 우리도 살 수 있습니다. 이것이 바로 복음, 기쁜 소식입니다.

—— 복음에 대한 우리의 반응: 회개와 믿음

세례 요한은 자신보다 훨씬 더 위대한 분이 오실 것을 거듭 강조합니다. 예수님의 오심을 기대하며 기다리던 요한은 다가오는 메시아를 선포하면서 많은 사람에게 세례를 베풀었습니다. 그리고 요한은 자신이 말한 구세주에게 세례를 베푸는 놀라운 특권을 누렸습니다. 세례받으신 예수님은 40일 동안 광야로 가셔서 사탄의 유혹을 이겨내시고 천사들의 보호를 받으셨습니다.

때가 찼습니다. 예수께서 지상 사역을 시작하실 때가 되었습니다. 그래서 예수님은 갈릴리로 가셔서 마가복음에 정확하게 기록된 메시지를 전하셨습니다. "때가 찼고 하나님의 나라가 가까이 왔으니 회개하고 복음을 믿으라"(막 1:15).

회개하고 복음을 믿으십시오. 요청은 간결하지만, 의미는 심오합니다. 우리는 회개해야 합니다. 회개는 죄에서 돌아서는 것입니다. 그것은 우리 죄에 대한 단순한 '사과'가 아닙니다. 저는 이런 사과를 너무 많이 들었습니다. "제가 기분을 상하게 한 사람에게 사과하고 싶습니다." 저 역시 이런 진심 어린 사과를 들을 때면 마음이 찡해집니다.

하지만 회개는 단순한 사과 그 이상입니다. 진심 어린 사과가 한 가지 행위에 대해 용서를 구하는 것이라면, 회개는 거룩하신 하나님을 불쾌하게 한 데에서 전혀 다른 방향으로 돌이키겠다고 선언하는 것입니다. 바울은 아그립바 왕 앞에서 회개의 의미를 분명하게 설명했습니다. "먼저 다메섹과 예루살렘에 있는 사람과 유대 온 땅과 이방인에게까지 회개하고 하나님께로 돌아와서 회개에 합당한 일을 하라 전하므로"(행 26:20). 바울은 회개와 믿음을 같은 호흡으로 선언합니다. 그리고 진정한 회개는 변화된 삶을 가져온다고 설명합니다. 회개는 하나님으로부터 멀어졌음을 인정하고, 이제부터는 얼굴을 마주하고 하나님을 향해 나아가게 합니다.

저는 인생의 어느 시점에서 예수님을 구세주로 영접하고 그리스도인이 되었다는 그리스도인들의 간증을 여러 번 들었습니다. 나중에 그들은 어떤 계기로 예수님을 '주님'으로도 받아들였다고 설명합니다. 그러나 진정한 회개는 그런 식으로 작동하지 않습니다. 구세주이신 예수님과 주님이신 예수님을 분리할 수 없습니다. 우리가 참된 신자라면 믿음으로 그리스도를 세상과 우리 삶의 구주로 믿었을 것입니다. 우리는 또한 예수님을 우리 주님으로 고백함으로써 회개하고 죄에서 돌이켰습니다. 그리스도인이 되는 것은 A와 B 단계가 구분된 것이 아니라 회개와 믿음이 함께 일어나는 것입니다. 회개와 믿음은 동전의 양면과도 같습니다.

믿음은 증명할 수 없는 동화를 믿는 것이 아닙니다. 그것은 역사와 영원에 뿌리를 둔, 그리스도께서 행하신 일을 신뢰하는 것입니다. 믿음은 예수님이 내 죄를 위해 죽으셨고 부활하셨으며 나를 용서하고 영생을 주실 것을 믿는 것입니다. 오늘날 우리는 그리스도를 눈으로는 볼 수 없지만, 그분이 하나님이시며 사람으로 오셔서 우리 가운데 사셨다는 사실을 흔들림 없이 믿습니다. 히브리서 11장 1절은 강력하게 말합니다. "믿음은 바라는 것들의 실상이요 보이지 않는 것들의 증거니."

언젠가 우리는 심판의 날에 하나님 앞에 서게 될 것입니다. 하나님께서 우리를 그분의 임재 앞에 허락하셔야 하는 이유에 대해 그리스도인인 우리는 무엇으로 호소해야 할까요? 참된 그리스도인은 자신이 구원을 얻기 위해 아무것도 하지 않았음을 알고 있습니다. 그들은 그리스도를 떠나서는 의가 전혀 없음을 알고 있습니다. 그리고 오직 믿음으로만 복음에 응답했다는 것을 압니다. 그들은 자신의 죄를 회개했습니다. 그리고 십자가에서 흘리신 그리스도의 보혈로 의롭게 되었습니다. 이것이 바로 우리가 그리스도인이 아닌 사람들에게 전해야 할 메시지입니다.

모두가 죄를 지었습니다. 하나님은 우리를 구원하시기 위해 독생자를 주셨습니다. 우리는 죄를 회개해야 합니다. 우리는 그리스도를 믿어야 합니다. 우리는 보고 들은 것을 사람들에게 전하지 않을 수 없습니다.

저는 복음을 전해야 함을 믿습니다.

토론 질문

1 대부분 그리스도인이 예수님을 전하길 주저하는 이유는 무엇일까요?

2 왜 많은 사람이 그리스도와 복음 메시지를 거부할까요?

3 복음의 본질적인 성경적 진리는 무엇인가요?

14장

나는 그리스도가 다시 오실 것을 믿습니다

이 장을 쓰기 이틀 전에 제가 코치하는 한 목사님과 만났습니다. 그의 교회가 장막터를 넓히는 데 함께 일하고 있으며, 더 많은 사람에게 복음을 전할 방법을 기도하는 마음으로 찾고 있습니다. 회의가 시작될 무렵, 목사님은 얼굴에 미소를 띠며 "톰, 교회 성장 방법을 찾았어요"라고 말했습니다. 제 얼굴에서 호기심을 읽을 수 있었는지 그는 재빨리 대답했습니다. "그리스도의 재림이나 요한계시록 설교를 하는 건 어때요?"

그는 교회에서 소셜미디어에 간단한 광고를 게재한 이야기를 알려주었습니다. "짐 목사가 앞으로 5주간 그리스도의 재림에 대한 설교를 진행합니다. 와서 들어보세요."

"지금은 시리즈 2주 차에 접어들었습니다." 짐은 말했습니다.

"출석률이 20% 증가했습니다. 이제 어떻게 하면 이 사람들을 유지할 수 있을지 고민하면 됩니다."

친구는 예상치 못한 참석자 급증에 대해 약간의 유머를 섞어 말했지만, 그런 경험은 그리 드문 일이 아닙니다. 종말에 대한 관심은 확실히 꾸준합니다. 지난 수십 년 동안 관심 수준은 밀물과 썰물을 반복했지만 여전히 사람들의 호기심을 자극합니다. 그들은 이야기가 어떻게 끝날지 알고 싶어 할 것입니다. 어쩌면 그들은 이 엉망인 세상에서 어떤 희망을 찾고 있을지도 모릅니다. 아니면 그냥 호기심 때문일 수도 있습니다.

제가 플로리다주 세인트피터즈버그의 한 교회에서 목사로 재직 시, 이웃 주민들이 예배에 함께 참석했습니다. 그들은 그리스도가 두 달 안에 재림할 것이라고 확신한 어떤 남자의 가르침을 따르고 있었습니다. 그들은 우리 교회에 와도 되는지 물었습니다. 저는 그분들이 예배드리는 것은 환영했지만, 교회에서 사람을 모집하거나 재림 시기를 특정하는 일은 하지 말라고 요청했습니다.

그날이 다가왔지만 아무 일도 일어나지 않았습니다. 예수님은 그들의 마감기한에 오지 않으셨습니다. 그 가족들은 곧 교회 출석을 중단했습니다.

우리는 그리스도의 재림에 대해 기대와 겸손의 자세로 접근해야 합니다. 우리는 그분의 재림을 큰 설렘으로 기대합니다. 그러나 정확한 시기와 같은 문제는 느슨하게 잡습니다. 우리는 성경에서 확실하게 얻을 수 있는 것에만 집중합니다.

—— 그리스도의 재림에 앞선 사건들

성경은 그리스도의 재림에 앞서 일어날 여러 사건을 언급합니다. 그중 몇 가지를 마태복음 24장에서 구체적으로 살펴보겠습니다(다른 세 복음서에도 그리스도의 재림을 가리키는 구절이 있습니다). 마태복음에서 예수님의 제자들은 주님의 재림에 대해 알고 싶어 합니다. 그들은 예수님께 "우리에게 이르소서 어느 때에 이런 일이 있겠사오며 또 주의 임하심과 세상 끝에는 무슨 징조가 있사오리이까"라고 묻습니다(마 24:3).

첫째, 전쟁과 또 다른 전쟁의 위협. 예수님은 제자들에게 말씀하십니다. "너희가 사람의 미혹을 받지 않도록 주의하라 많은 사람이 내 이름으로 와서 이르되 나는 그리스도라 하여 많은 사람을 미혹하리라 난리와 난리 소문을 듣겠으나 너희는 삼가 두려워하지 말라 이런 일이 있어야 하되 아직 끝은 아니니라"(마 24:4-6).

둘째, 기근과 지진. 예수님은 제자들에게 이러한 재앙이 일어날 것이라고 하시면서 "이 모든 것은 재난의 시작"(마 24:8)이라고 말씀하셨습니다.

셋째, 그리스도인에 대한 광범위한 박해. 믿는 자들에 대한 박해는 성경에 나오는 종말 시기의 공통된 주제입니다. 예수님은 제자들에게 예고하십니다. "그때에 사람들이 너희를 환난에 넘겨주겠으며 너희를 죽이리니 너희가 내 이름 때문에 모든 민족에게 미움을 받으리라"(마 24:9).

넷째, 전례 없는 천문 현상. 예수님은 이러한 사건들이 자신의 재림 직전에 일어난다고 말씀하시는 것 같습니다. "그날 환난 후에 즉시 해가 어두워지며 달이 빛을 내지 아니하며 별들이 하늘에서 떨어지며 하늘의 권능들이 흔들리리라"(마 24:29).

마태복음 24장은 그리스도의 재림으로 이어지는 사건을 생생하게 묘사하고 있습니다. 이 말씀은 예수님의 입에서 나온 것이므로 그 중요성이 더욱 빛납니다. 하지만 성경에는 이외에도 종말에 관한 구절이 많습니다. 예를 들어, 바울은 예수님이 다시 오시기 전에 혼란을 일으킬 "불법한 자"(살후 2:8)에 대해 설명합니다. 그의 역할은 "악한 자의 나타남은 사탄의 활동을 따라 모든 능력과 표적과 거짓 기적과 불의의 모든 속임"(살후 2:9-10)인데, 불법의 사람은 길을 잃은 사람들이 구원받지 못하도록 악을 행할 것입니다.

—— 그분이 오시는 타이밍

그리스도의 재림이 가장 장엄한 사건이 될 것은 분명합니다. 아무도 그 순간을 부정할 수는 없습니다. 바울은 "주께서 호령과 천사장의 소리와 하나님의 나팔 소리로 친히 하늘로부터 강림하시리니"(살전 4:16)라고 말합니다.

그러나 우리는 그의 재림의 정확한 시기에 대해서는 알 수 없습니다. 예수님은 승천하시기 직전에 제자들에게 "때와 시기는 아버지께서 자기의 권한에 두셨으니 너희가 알 바 아니요"(행 1:7)라고 말씀하셨습니다.

요한계시록 20장 전체는 '천년왕국' 이전, 도중, 이후 사건에 초점을 맞추고 있습니다(특히 20:1-7 참조). 많은 사람이 일반적으로 천년왕국이라고 불리는 이 기간의 정확한 의미에 대해 논쟁을 벌여왔습니다. 무천년설은 우리가 현재 천년기에 있다고 주장합니다. 즉, 그리스도의 부활과 승천 직후부터 시작되는 현재의 교회 시대가 천년기라는 것입니다. 따라서 천년은 문자 그대로 천 년이 아니라 긴 기간을 나타내는 비유적인 표현입니다.

후천년설은 예수님이 요한계시록 2장 4-5절에 언급된 천년 후에 실제로 재림하신다고 주장합니다. 따라서 예수님은 천년 후에 재림하십니다. 그분의 통치 또한 천년기 이후에 시작될 것입니다. 이 견해 내에서도 천년왕국을 문자 그대로 천년이라고 믿는 사람도 있고 그렇지 않은 사람도 있습니다.

전천년설은 그리스도께서 천년기 전에 재림하실 것이라고 주장합니다. 그의 재림은 갑작스럽고 대부분 예상치 못한 것입니다. 이 견해에 따르면 그리스도는 이 땅을 평화와 의의 기간에 통치하실 것입니다. 사탄과 그의 악마들은 이 땅에서 제거될 것입니다.

이 세 가지 견해는 천년 기간에 대한 다양한 해석이 있음을 보여주지만, 논의되는 모든 문제를 다루는 것도 아닙니다. 요한계시록과 다른 종말론 구절을 이해하려는 욕구에는 끝이 없습니다.

── 우리가 아는 것

예수님의 재림과 종말을 둘러싼 사건에는 여러 측면에서 신비함이 있음을 인정하면서도, 우리가 알 수 있는 것도 많습니다. 분명하게 밝혀진 몇 가지 주요 쟁점을 살펴봅시다.

예수님은 다시 오실 것입니다. 재림 시기와 구체적인 내용에 대해서는 의견이 일치하지 않겠지만, 예수님이 실제로 다시 오실 것은 확언할 수 있습니다. 신약성경 27권 중 23권에서 재림에 대한 측면이 언급되어 있습니다. 예수님이 승천하신 직후 두 천사(흰 옷 입은 남자)는 제자들에게 예수님이 떠났던 것처럼 다시 오실 것이라고 말했습니다. "갈릴리 사람들아 어찌하여 서서 하늘을 쳐다보느냐 너희 가운데서 하늘로 올려지신 이 예수는 하늘로 가심을 본 그대로 오시리라"(행 1:11). 이 구절은 예수님이 문자 그대로 재림하실 것을 의심할 여지 없이 사실로 인정합니다.

천사들이 전한 말씀은 신약성경 전체에 걸쳐 비슷한 주제를 따릅니다. 천사들에 따르면, 예수님은 다시 오실 것이지만 재림 시기는 구체적으로 밝혀진 바가 없습니다. 그저 '언젠가'입니다.

재림의 중요성은 성경에 널리 퍼져 있는 것을 통해 확인할 수 있습니다. 초대교회 당시 고백에서도 그 중요성이 확인됩니다. 사도신경은 예수님이 "산 자와 죽은 자를 심판하러" 재림하실 것이라고 말합니다. 니케아 신조도 마찬가지로 예수님이 "산 자와 죽은 자를 심판하기 위해 영광 중에 다시 오실 것이며 그분의 나라는 끝이 없을 것"이라고 말합니다. (부록에서 두 신앙고백을 참조하세요.)

그리스도인은 그리스도의 재림에 대해 기대와 흥분을 동시에 가져야 합니다. 성경은 모든 신자가 예수님의 재림을 고대해야 한다고 분명히 말합니다. 종말에 대한 이야기를 완성하려면 분명 해결해야 할 어려움이 몇 가지 있지만, 예수님의 재림은 모든 신자에게 승리와 축하의 시간입니다.

성경은 예수님을 신랑으로, 교회를 그리스도의 신부로 지칭합니다(엡 5:25-27 참조). 그러므로 그리스도의 재림은 신부와 신랑의 재결합입니다. 그리스도의 신부인 성도들은 신랑을 직접 대면하게 될 때를 기대와 기쁨으로 기다립니다.

그리스도의 재림은 첫 번째 오심과는 다를 것입니다. 초림 때 예수님은 베들레헴의 마구간에서 태어난 아기였습니다. 그분은 이 땅에서 겸손하고 온유한 삶을 사셨습니다. 겸손이 초림의 표징이었다면, 재림의 표징은 영광이 될 것입니다. 바울도 "주께서 호령과 천사장의 소리와 하나님의 나팔 소리로 친히 하늘로부터 강림[하신다]"(살전 4:16)라고 썼습니다.

그리스도의 재림은 믿는 사람들에게는 희망의 시간이지만 믿지 않는 사람에게는 두려움의 시간입니다. 성경은 불신자들의 고통과 운명을 지적하지만, 신자들은 큰 희망을 품을 수 있습니다. 바울은 데살로니가 교회에 편지를 보내면서 그곳 신자들에게 이렇게 호소합니다. "하나님이 우리를 세우심은 노하심에 이르게 하심이 아니요 오직 우리 주 예수 그리스도로 말미암아 구원을 받게 하심이라 예수께서 우리를 위하여 죽으사 우리로 하여금 깨어 있든지 자든지 자기와 함께 살게 하려 하셨느니라 그러므로 피차 권면하고 서로 덕을 세우기를 너희가 하는 것같이 하라"(살전 5:9-11).

그리스도의 재림은 가시적이고 최종적입니다. 제자들은 예수님이 승천하는 것을 본 것처럼 다시 오심을 보게 될 것입니다(행 1:11). 예수께서는 제자들에게도 마찬가지로 "그들이 인자가 구름을 타고 능력과 큰 영광으로 오는 것을 **보리라**"(마 24:30)라고 약속하셨습니다. 그리스도의 재림은 역사의 정점이 될 것입니다.

베드로는 그리스도께서 지금까지 통치하기 위해 돌아오지 않으신 이유를 설명합니다. "주의 약속은 어떤 이들이 더디다고 생각하는 것같이 더딘 것이 아니라 오직 주께서는 너희를 대하여 오래 참으사 아무도 멸망하지 아니하고 다 회개하기에 이르기를 원하시느니라"(벧후 3:9).

놀랍게도 그리스도께서 아직 최종 심판을 내리시지 않았다는 사실은 그분의 사랑에 대한 또 다른 확증입니다. 그분은 아무도 멸망하지 않고 모두가 그리스도를 구세주와 주님으로 영접하기를 원하십니다.

그러나 궁극적으로 그리스도의 재림은 갑작스럽게 올 것입니다. "주의 날이 도둑 같이 오리니 그날에는 하늘이 큰 소리로 떠나가고 물질이 뜨거운 불에 풀어지고 땅과 그중에 있는 모든 일이 드러나리로다"(벧후 3:10). 그 끔찍한 심판 장면조차도 그리스도인이 두려워하거나 두려워해야 할 것은 아닙니다. 신자들은 "그의 약속대로 의가 있는 곳인 새 하늘과 새 땅을"(벧후 3:13) 바라보는 자들이기 때문입니다.

그래서 우리는 기대와 희망을 가지고 기다립니다.

"이것들을 증언하신 이가 이르시되 내가 진실로 속히 오리라 하시거늘 아멘 주 예수여 오시옵소서"(계 22:20).

토론 질문

1 그리스도의 재림에 앞서 일어날 사건에는 어떤 것이 있나요?

2 천년왕국을 바라보는 세 가지 관점은 무엇인가요?

3 그리스도의 재림에 관해서 모든 그리스도인이 받아들일 수밖에 없는 성경적 진실에는 무엇이 있습니까?

15장

나는 천국을 믿습니다

살다 보면 누구나 사랑하는 사람의 죽음을 경험합니다. 어떤 이들에게는 그런 슬픔의 시기가 인생 초반에 찾아오기도 합니다. 시간이 어느 정도 흐른 뒤에 그런 슬픔을 만나기도 합니다. 제 친구 중에는 60대가 되어서야 부모님이 돌아가신 경우도 있습니다.

아버지가 돌아가셨을 때 저는 태어나서 처음으로 깊은 슬픔을 경험했습니다. 당시 저는 겨우 20대였습니다. 아버지의 암진단과 임종은 두 달 사이에 일어났습니다. 제가 살던 세상이 흔들렸습니다. 하지만 아버지가 그리스도인이라는 사실에 큰 위로를 받았습니다. 제 고통은 깊었지만, 희망은 실재했습니다. 아버지가 하나님과 함께한다는 것을 의심할 여지 없이 알았습니다. 그리고 아버지를 다시 볼 수 있다는 것을 알았습니다.

천국은 실재합니다. 천국은 그리스도를 믿는 사람에게 소망의 장소입니다. 비록 우리가 천사가 되거나 대중문화에서 말하는 천사의 날개를 가질 수는 없지만 우리는 그리스도와 함께할 수 있습니다. 우리에게는 영생의 기쁨이 있습니다.

때때로 최후 심판과 지옥이라는 주제가 영원에 관한 대화에 포함되기도 합니다. 이 두 가지를 살펴본 다음 천국에 대한 논의를 다시 시작하겠습니다.

—— 신자들이 받을 심판의 성격

최후의 심판은 신자든 비신자든 모든 사람에게 일어납니다. 사도행전 10장 42절에 "[예수님은] 살아 있는 자와 죽은 자의 재판장으로 정하신 자"라고 나와 있습니다. 신자들에게는 심판이 영원한 목적지가 결정되는 시간은 아닙니다. 그들이 죄를 회개하고 그리스도를 믿을 때 목적지는 결정됩니다.

그리스도를 믿는 사람들도 "다 하나님의 심판대 앞에"(롬 14:10) 섭니다. 바울은 계속해서 그 후에 벌어질 일을 전합니다. "이러므로 우리 각 사람이 자기 일을 하나님께 직고하리라 그런즉 우리가 다시는 서로 비판하지 말고 도리어 부딪칠 것이나 거칠 것을 형제 앞에 두지 아니하도록 주의하라"(롬 14:12-13). 그리스도인들에 대한 심판은 이 땅에서 우리가 어떻게 살았는지에 대한 회계 처리 성격이 강합니다. 바울은 그런 우리가 어떻게 살아야 할 것인지 알려줍니다. "그런즉 우리는 몸으로 있든지 떠나든지 주를 기쁘시게 하는 자가 되기를 힘쓰노라 이는 우리가 다 반드시 그리스도의 심판대 앞에 나타나게 되어 각각 선악 간에 그 몸으로 행한 것을 따라 받으려 함이라"(고후 5:9-10).

즉, 우리 신자들은 자신이 행한 선에 대한 보상을 받을 것이며, 우리가 행한 악은 그리스도의 십자가 죽음으로 말미암아 지워질 것입니다. 우리 죄에 대해서는 이미 용서라는 판결이 내렸습니다. 우리의 선행에 대한 어떤 인정이나 보상이 있겠지만, 모든 신자가 천국에서 누릴 기쁨은 완전하고 완벽할 것입니다.

그러나 불신자들은 극적으로 다른 종류의 최종 심판을 받게 됩니다. 하나님께서는 "오직 당을 지어 진리를 따르지 아니하고 불의를 따르는 자에게는 진노와 분노로"(롬 2:8) 하실 것입니다. 최후 심판은 그 이름에서 알 수 있듯 최종적인 심판입니다. 두 번째 기회도, 환생도, 연옥도 없습니다. 신자나 불신자 모두에게 그리스도의 심판과 판결은 최후 심판에서 완성될 것입니다.

── 지옥, 그분이 없는 곳

성경에서 지옥에 대해 읽을 때마다 저는 엄청난 부담과 슬픔을 느낍니다. 믿지 않는 사람들의 운명에 압도당하지 않으려고 성경을 빨리 훑고 지나가게 되는 부분이기도 합니다. 일부 그리스도인은 실제로 비그리스도인이 죽으면 단순히 그 존재가 소멸된다는 교리적 입장을 취합니다. 이러한 믿음을 소멸주의라고 합니다. 우리가 죽으면 우리는 더 이상 존재하지 않는다는 것입니다.

그러한 믿음이 영원한 지옥보다 우리에게는 더 입맛에 맞게 보일지는 모르지만 성경에서는 그런 사상을 가르치지 않습니다. 인간은 영원한 피조물이며 죽음 이후에도 존재를 멈추지 않을 것입니다. 최후 심판에서 그리스도를 따르지 않은 사람들은 지옥이라는 영원한 형벌의 장소로 가게 될 것입니다.

예수님은 지옥에 대해 매우 분명하게 말씀하셨습니다. 믿지 않는 사람들에 대해 "또 왼편에 있는 자들에게 이르시되 저주를 받은 자들아 나를 떠나 마귀와 그 사자들을 위하여 예비된 영원한 불에 들어가라"(마 25:41)라고 하셨습니다. 그런 다음 예수님은 잃어버린 자와 구원받은 자는 서로 다른 두 방향으로 가게 될 것이라고 강조하셨습니다. "그들은 영벌에, 의인들은 영생에 들어가리라"(마 25:46).

13장에서는 다른 사람에게 복음을 전해야 하는 복음 전도의 의무에 대해 간략하게 살펴보았습니다. 그 명령은 예수께서 직접 주신 것이므로 우리는 당연히 순종해야 합니다. 전도하지 않는 것은 기본적으로 불순종하겠다는 것입니다. 우리는 또한 불신자들에게 오늘 하나님의 임재를 경험하고 천국에서 영원히 하나님과 함께할 기회를 누리게 하려고 전도합니다.

거기에 더해 우리의 동기에는 아무도 그리스도 없는 영원한 멸망에 이르지 않게 해야 한다는 심오하고 열정적인 관심도 있어야 합니다. 복음이 참으로 좋은 소식이므로 우리는 복음을 전하고 싶은 충동을 느껴야 합니다. 복음의 대안으로 제시된 삶이 나쁜 소식이므로 우리는 부득불 복음을 전해야 합니다. 즉, 천국에 가지 않으면 지옥에 가게 됩니다. 길은 두 가지뿐입니다.

이제 천국으로 가는 길에 대해 살펴봅시다.

—— 천국, 그분이 계신 곳

하나님은 현재 하늘에 계십니다. 예수님은 제자들에게 기도를 가르치실 때 "하늘에 계신 우리 아버지여 이름이 거룩히 여김을 받으시오며"(마 6:9)라고 기도하라고 말씀하셨습니다. 예수님이 승천하실 때 흰옷 입은 두 사람은 제자들에게 "갈릴리 사람들아 어찌하여 서서 하늘을 쳐다보느냐 너희 가운데서 하늘로 올려지신 이 예수는 하늘로 가심을 본 그대로 오시리라"라고 말했습니다(행 1:11). 하나님은 하늘에 계시지만 또한 어디에나 계십니다(편재). 하지만 하나님의 능력과 축복은 모든 사람이 그분을 경배하는 하늘에서 가장 분명하게 볼 수 있습니다.

천국이라는 단어는 모든 신자가 영원을 보낼 곳을 가리키는 용어로도 자주 사용됩니다. 물론, 이러한 이해가 잘못된 것은 아닙니다. 그러나 천국에 대한 대부분의 대화에는 새 하늘과 새 땅에 관한 논의가 거의 없는 듯합니다. 이사야는 다가오는 시대에 대해 다음과 같이 예언적으로 이야기했습니다.

> 내가 지을 새 하늘과 새 땅이 내 앞에 항상 있는 것같이 너희 자손과 너희 이름이 항상 있으리라 여호와의 말이니라 이사야 66:22

그리스도께서 재림하시면 새 하늘과 새 땅을 다스리실 것입니다. 현재의 하늘과 땅은 사라지고 요한계시록에 나오는 새 예루살렘이라는 장소로 바뀔 것입니다. 요한은 계시록 21장 1-2절에서 이 새로운 현실에 대한 환상을 생생하게 묘사합니다.

> 또 내가 새 하늘과 새 땅을 보니 처음 하늘과 처음 땅이 없어졌고 바다도 다시 있지 않더라 또 내가 보매 거룩한 성 새 예루살렘이 하나님께로부터 하늘에서 내려오니 그 준비한 것이 신부가 남편을 위하여 단장한 것 같더라.

요한은 하나님께서 이 새 집에서 우리와 함께 거하신다는 비전을 분명하고 명확하게 제시합니다. "내가 들으니 보좌에서 큰 음성이 나서 이르되 보라 하나님의 장막이 사람들과 함께 있으매 하나님이 그들과 함께 계시리니 그들은 하나님의 백성이 되고 하나님은 친히 그들과 함께 계[시리라]"(계 21:3). 천국은 새 하늘과 새 땅이 될 것입니다. 그곳은 영원히 신자들의 집이 될 것입니다.

그렇다면 천국은 어떤 모습일까요?

—— 천국은 어떤 모습일까요?

이 짧은 논의에서 천국에서 보낼 미래 생활의 주요 주제를 모두 다룰 수는 없지만, 몇 가지 일반적인 사항을 살펴봅시다.

천국은 헤아릴 수 없는 기쁨과 축복이 가득한 곳이 분명합니다. 고통이나 슬픔은 없을 것입니다. "인생은 힘들다"라는 말은 진부한 표현이지만, 그럼에도 사실입니다. 유한한 삶을 사는 동안 우리는 육체적, 정서적 고통을 경험합니다. 우리는 슬픔의 시기를 겪습니다. 절망감에 시달리기도 합니다. 인간관계에서 갈등과 오해를 겪기도 합니다. 하지만 천국에서는 이 모든 것이 사라질 것입니다. "모든 눈물을 그 눈에서 닦아주시니 다시는 사망이 없고 애통하는 것이나 곡하는 것이나 아픈 것이 다시 있지 아니하리니 처음 것들이 다 지나갔음이러라"(계 21:4).

그리스도인들은 죽음 자체는 고대하지 않지만, 죽음 이후의 삶을 고대한다고 종종 말합니다. 죽음의 과정은 고통과 고난을 의미할 수 있지만 죽음 반대편에는 신자들이 그리스도와 영원히 함께할 영생이 있기 때문입니다. 이렇게 기대하는 이유 중에는 고통과 괴로움에서 자유로워질 수 있기 때문이기도 하지요. 천국은 참으로 멋진 곳입니다.

우리는 천사가 되지 않을 것입니다. 앞서 언급했듯 우리는 죽을 때 천사가 되지 않습니다. 천사와 인간은 분명히 서로 다른 하나님의 피조물입니다. "내가 그 둘 사이에 끼었으니 차라리 세상을 떠나서 그리스도와 함께 있는 것이 훨씬 더 좋은 일이라 그렇게 하고 싶으나 내가 육신으로 있는 것이 너희를 위하여 더 유익하리라"(빌 1:23-24). 바울은 지상에 있을 때나 하늘에 있을 때나 동일한 인격("나")에 대해 이야기합니다. 우리가 죽으면 신원은 바뀌지 않지만 위치는 바뀝니다.

우리는 기쁨의 감정을 갖게 될 것입니다. 천국은 지루한 곳이라는 냉소적인 말을 들어본 적이 있을 것입니다. 하프를 연주하거나 영원히 노래나 부른다는 것이지요. 사실 천국은 지루함과는 정반대입니다. 노래가 있지만 즐거운 노래가 있습니다. 축하와 연회가 있습니다. 예수께서는 천국의 웃음에 대해서도 말씀하셨습니다. "지금 우는 자는 복이 있나니 너희가 웃을 것임이요"(눅 6:21).

우리는 영광스러운 몸을 갖게 될 것입니다. 많은 사람이 그런 몸이 어떤 것인지 알고 싶어 합니다. 엄청난 속도로 날 수 있는 능력을 언급할 때나 그런 상태를 추측할 수 있을 뿐입니다. 우리는 고통, 질병, 제한 없는 몸을 갖게 될 것입니다. 절름발이는 걸을 것입니다. 소경은 보게 될 것입니다. 귀머거리가 듣게 될 것입니다. 벙어리는 말을 할 것입니다.

우리는 서로 알아볼 것입니다. 그리스도의 부활하신 몸에 관해 읽어보면 천국에 대해 많은 것을 배웁니다. 예를 들어, 그분은 부활한 몸으로 많은 사람에게 보이셨습니다. 제자들도 그를 알아보았습니다(요 20-21장 참조). 고린도전서 15장 5-8절에서 바울은 부활 후 예수님을 알아본 다양한 사람들을 언급합니다.

> 게바에게 보이시고 후에 열두 제자에게와 그 후에 오백여 형제에게 일시에 보이셨나니 그 중에 지금까지 대다수는 살아 있고 어떤 사람은 잠들었으며 그 후에 야고보에게 보이셨으며 그 후에 모든 사도에게와 맨 나중에 만삭되지 못하여 난 자 같은 내게도 보이셨느니라.

마찬가지로 그리스도의 제자들도 그리스도께서 변화되셨을 때 모세와 엘리야의 영광스러운 몸도 알아보았습니다(눅 9:29-33). 그들은 더 나은 몸을 지녔지만 여전히 모세와 엘리야로 구별할 수 있었습니다. 그 밖에도 우리는 천국의 다른 많은 측면을 다룰 수 있으며, 모두 기쁨과 환희와 관계가 있을 것입니다.

저는 최근 아내, 아들, 며느리, 손주들을 포함한 18명의 '레이너들'과 함께 크리스마스를 보냈습니다. 정신없이 바쁘고 정돈되지 않았으며 종종 시끄러웠습니다. 하지만 그 모든 과정을 통해 헤아릴 수 없는 기쁨과 웃음, 재미를 느꼈습니다. 그런 멋진 순간을 능가할 만한 시간이 있을까 하는 생각도 들었습니다.

하지만 그런 충만한 시간이 오리라는 걸 저는 압니다.

저는 성경을 믿습니다.

저는 예수님을 믿습니다.

저는 천국을 믿습니다.

그리고 저는 모든 동료 신자들과 눈 깜짝할 사이에 천국에 함께 있을 것을 믿습니다. 가장 즐거운 시간이 될 것입니다. 더 나아가 영원히 즐거운 시간이 될 것입니다.

토론 질문

1 최후의 심판은 신자나 불신자 모두에게 어떤 시간이 될까요?

2 천국과 지옥에 대한 교리가 왜 다른 사람에게 복음을 전하도록 우리를 움직일까요?

3 성경에서 확인할 수 있는 천국에 관한 소식은 무엇입니까? 다시 말해, 천국은 어떤 모습일까요?

미주

1 Paul Enns, *The Moody Handbook of Theology* (Chicago: Moody, 2008), 173.
2 Enns, 174–175.
3 "The 50 Most Popular and Read Bible Verses," Bible Study Tools, August 30, 2021, https://www.biblestudytools.com/topical-verses/the-25-most-read-bible-verses/.

부록

---◆---

사도신경과 니케아신경

교회에서 가장 초기의 신앙고백 중 두 가지는 사도신경과 니케아신경입니다. 두 신조 모두 교회의 처음 4세기 동안에 제정되었습니다. 이 신조들의 주요 목적 중 하나는 초기의 이단 교리들을 반박하는 것이었습니다. 또한, 두 신조는 교회에서 교리가 어떻게 발전해왔는지를 보여주는 좋은 척도가 되기도 합니다. 여기서 다루는 많은 문제는 오늘날에도 여전히 적실합니다. 신조는 성경에 충실하고, 관련성과 정확성을 모두 갖춰야 합니다.

신조는 삼위일체의 세 번째 위격에 대한 공통된 설명을 반영하기 위해 약간만 변경되었습니다. 그래서 "성신"Holy Ghost은 "성령" Holy Spirit이 되었습니다. 두 신조를 살펴보고 이 책의 일부 교리와 비교해보아도 도움이 될 것입니다.

사도신경

전능하사 천지를 만드신 하나님 아버지를 내가 믿사오며
그 외아들 우리 주 예수 그리스도를 믿사오니

이는 성령으로 잉태하사 동정녀 마리아에게 나시고
본디오 빌라도에게 고난을 받으사 십자가에 못 박혀 죽으시고
장사한 지 사흘 만에 죽은 자 가운데서 다시 살아나시며
하늘에 오르사 전능하신 하나님 우편에 앉아 계시다가
저리로서 산 자와 죽은 자를 심판하러 오시리라.

성령을 믿사오며, 거룩한 공회와,
성도가 서로 교통하는 것과,
죄를 사하여 주시는 것과, 몸이 다시 사는 것과,
영원히 사는 것을 믿사옵나이다.
아멘.

사도신경 (새번역)

나는 전능하신 아버지 하나님, 천지의 창조주를 믿습니다.
나는 그의 유일하신 아들, 우리 주 예수 그리스도를 믿습니다.

그는 성령으로 잉태되어 동정녀 마리아에게서 나시고,
본디오 빌라도에게 고난을 받아 십자가에 못 박혀 죽으시고,
장사된 지 사흘 만에 죽은 자 가운데서 다시 살아나셨으며,
하늘에 오르시어 전능하신 아버지 하나님 우편에 앉아 계시다가,
거기로부터 살아 있는 자와 죽은 자를 심판하러 오십니다.

나는 성령을 믿으며, 거룩한 공교회와
성도의 교제와
죄를 용서받는 것과 몸의 부활과 영생을 믿습니다.
아멘.

니케아 신경

우리는 하늘과 땅 그리고 모든 보이는 것과 보이지 않는 것을 지으신 한 분, 전능한 아버지 하나님을 믿습니다.

우리는 또한 하나님의 독생자이신 한 분, 주 예수 그리스도를 믿습니다. 그는 영원 전에 성부에게서 태어난, 신 중의 신이며 빛 중의 빛이고, 참 신 중의 참 신으로서, 창조되지 않고 출생되었으며, 성부와 동일한 본질을 가지신 분입니다. 모든 것이 그로 말미암아 창조되었습니다.

그는 우리를 위하여, 우리 구원을 위하여 하늘에서 내려와, 성령의 능력과 동정녀 마리아를 통해 육신을 입어 사람이 되셨습니다. 그는 우리를 위하여 본디오 빌라도가 다스릴 때에 십자가에 못박혔습니다. 그는 고난을 받고 장사되었으며, 성경대로 사흘 만에 부활하시고, 하늘에 오르사 아버지의 우편에 앉으셨습니다. 그는 산 자와 죽은 자를 심판하러 영광 중에 다시 오실 것이며, 그의 나라는 끝이 없을 것입니다.

우리는 또한 성부와 성자에게서 나온, 생명을 주시는 주, 성령님을 믿습니다. 그는 성부와 성자와 함께 예배와 영광을 받으시며, 선지자를 통해 말씀하셨습니다.

우리는 하나의 거룩하고 사도적인 세계교회를 믿습니다. 우리는 죄를 용서하시는 하나의 세례를 믿으며, 죽은 자의 부활과 내세의 삶을 기다립니다. 아멘.

국제제자훈련원은 건강한 교회를 꿈꾸는 목회의 동반자로서 제자 삼는 사역을 중심으로 성경적 목회 모델을 제시함으로 세계 교회를 섬기는 전문 사역 기관입니다.

나는 믿습니다

1판 1쇄 인쇄 2023년 5월 12일
1판 1쇄 발행 2023년 5월 19일

지은이 톰 레이너
옮긴이 김애정

펴낸이 오정현
펴낸곳 국제제자훈련원
등록번호 제2013-000170호(2013년 9월 25일)
주소 서울시 서초구 효령로68길 98(서초동)
전화 02)3489-4300 **팩스** 02)3489-4329
이메일 dmipress@sarang.org

ISBN 987-89-5731-869-0